शैलजा पाठक

शैलजा पाठक 29 जुलाई को स्याल्दे, अल्मोड़ा (उत्तराखंड) में जन्मीं। मूलत: बनारस की रहनेवाली हैं। शुरुआती पढ़ाई से लेकर स्नातकोत्तर तक की पढ़ाई उन्होंने वहीं से की है। उनकी प्रकाशित पुस्तकें हैं—'मैं एक देह हूँ फिर देहरी', 'जहाँ चुप्पी टूटती है', 'कमाल की औरतें' (कविता-संग्रह); 'पूरब की बेटियाँ' (कथेतर)।

आजकल मुम्बई में रहती हैं और स्वतंत्र लेखन करती हैं।

ई-मेल : pndpinki2@gmail.com

कमाल की औरतें

शैलजा पाठक

राजकमल पेपरबैक्स

राजकमल पेपरबैक्स में
पहला संस्करण : 2024

राजकमल पेपरबैक्स : उत्कृष्ट साहित्य के जनसुलभ संस्करण

राजकमल प्रकाशन प्रा. लि.
1-बी, नेताजी सुभाष मार्ग, दरियागंज
नई दिल्ली-110 002
द्वारा प्रकाशित

शाखाएँ : अशोक राजपथ, साइंस कॉलेज के सामने, पटना-800 006
पहली मंज़िल, दरबारी बिल्डिंग, महात्मा गांधी मार्ग, प्रयागराज-211 001
1, अनमोल सोराबजी सन्तुक लेन, धोबी तलाव, मरीन लाइंस, मुम्बई-400 002

वेबसाइट : www.rajkamalprakashan.com
ई-मेल : info@rajkamalprakashan.com

विकास कम्प्यूटर एंड प्रिंटर्स
ट्रॉनिका सिटी-201 102
द्वारा मुद्रित

मूल्य : ₹250

KAMAL KI AURATEIN
Poems by Shailja Pathak

ISBN : 978-93-6086-307-4

घर की पुरखिनों और
दुनिया की सभी औरतों
के नाम

जिन औरतों को तुमने पागल कहा
उन्होंने तुम्हारे घर को घर बनाया
पागलख़ाना नहीं

क्रम

मुझे कोई नहीं जानता

मेरे जीवन को एक अज्ञातवास घोषित करना चाहिए
मेरे प्रेम को शकुन्तला की गुम हुई अँगूठी
मेरे यक़ीन को पतझड़ घोषित करना चाहिए
मेरे मन को ख़ाली कैनवास

मेरी धड़कनों के बारे में सोचना चाहिए
बग़ैर प्रेम भी दिल धड़कता रहा

मेरे होने को कोई खोज घोषित किया जाना चाहिए
भीतर अतीत के खँडहर की पड़ताल करवानी चाहिए
किसी भारी गिरी दीवार के नीचे दबी हँसी को ज़रा कोमल हाथों से उठाना
और हथेली पर रख हो सके तो उसे चूमना चाहिए
किसी प्यारी लड़की की खोई मुस्कराहट कहाँ मिलती है भला

मेरे घर को प्रार्थना-घर
और मुझे कोई बुत घोषित करना चाहिए

मुझे पहचानते सभी हैं
जानता कोई नहीं...

एक दिन

एक दिन मैं तुम्हारे हर ग़लत को ग़लत कहने का साहस पा लूँगी
एक दिन मैं हाँ में हाँ नहीं मिलाऊँगी
एक दिन चली ही जाऊँगी अपनी पसन्द की जगह पर
एक दिन मन से उतार दूँगी सारा बोझ

एक दिन चावल से कंकर चुनते हुए सोचूँगी ज़रूर कि मेरा जीवन मुझे
किसलिए मिला था
एक दिन कह ही दूँगी
कि ये सच है कि मैं इतनी ख़ुश कभी नहीं थी तुम्हारे साथ
जितनी अमूमन दिखती हूँ

एक दिन लम्बी गृहस्थी से ले लूँगी संन्यास
बहुत हुआ को कह दूँगी बहुत हुआ
मन को नहीं कहूँगी कि और सह लो
पर लगातार इस जन्म में जिस साहस के लिए इतनी कवायद कर रही

अब नहीं
तो मौत के पहले ज़िन्दगी की उँगली छूटते वक़्त
ज़रूर कहूँगी
कि मैं थी किसी और मिट्टी की
लेकिन किसी और मिट्टी में मिला दी गई।

ख़ुद से प्यार करतीं लड़कियाँ

सजने का इतना ही शौक़ था तो घर बसा लेती
हर दूसरे दिन नये फैशन के साथ दिखती लड़की
एक चलती फिरती बहस थी

पहले तो सौ नखरे दिखाए
अब उम्र चढ़ गई तो कौन पूछेगा
किसी दुवाह से कर लेती ब्याह
कोई कुँवारा राजकुमार तो पूछेगा नहीं

नियमों से अलग बने नियमों ने नींद उड़ा दी है
पहरे टूट रहे तो व्यवस्था चरमरा रही
कितने दिन हुए किसी कोमल हथेली पर जलती लकड़ी न दाग़ी गई

लड़कियाँ हथेली पर बिना सावन मेहँदी लगा रही हैं
'उनके' नाम के बग़ैर भी हथेली चट्ट लाल है
ये उनका प्यार नहीं मेहँदी और ख़ुद से चाहत का कमाल है

जब जैसा मन किया कपड़े पहने
सिंगार किया
चूड़ियाँ भरीं
बालों में मोगरा

पैरों पर बिलकुल रुक्मिणी-सा आलता भरे लहककर चल रही
सुहागिन का सिंगार-पटार कर बाज़ार-ऑफ़िस जा रही

लड़कियाँ ज़िन्दगी से इश्क़ कर रही हैं
बादलों को आँखों में रखती हैं
ये लड़कियाँ समाज बिगाड़ रही हैं
हर कोशिश है कि इन्हें पटरी पर लाया जाए

मेरी दोस्त,
तुमने सही समय जान लिया कि ज़िन्दगी तुम्हारी है
तुम्हें किसी की पटरानी नहीं
ख़ुद के मन की राजरानी बनना था
तुम्हें अपनी मौज अपने सपने अपना जीवन चुनना था

पैर में महावर विदाई पर ही नहीं लगता
बारिशों के उतरने पर भी लग सकता है
बनारसी साड़ियों में लड़कियाँ बस ससुराल नहीं जातीं
किसी वीकेंड पर बस यूँ भी पहन सकती हैं साड़ी
बालों में गूँथ सकती हैं मोगरा जो ज़रूरी नहीं किसी प्रेमी ने दिया हो

तुम कितनी हसीन दिख रही हो आज चौड़े पाड़ की साड़ी में
जाओ आसमान तक उड़ान भरो
मैं तुम्हें देख ख़ुश हूँ...

तुम्हारी देह का वह गुप्तचर

वे याद रखेंगे
तुम्हारे दाएँ कन्धे का बड़ा-सा तिल
तुम्हारी बड़ी आँखें

पूछेंगे वे कि आज भी काजल लगाती हो न
उन्हें याद है
हँसती हो तो आँखें बन्द हो जाती हैं तुम्हारी
सुनकर तुम मुस्कराओगी
शायद ख़ुश हो जाओ

पर याद रखना मेरी दोस्त
ये वही चाहने वाला है
जो तुम्हें अजीयत में छोड़ दूर चला गया था
वही है जिसने तुम्हें ये कहकर परे किया था
कि यार यूँ रो-रो कर मेरा दिन मत ख़राब करो

अब जबकि सँभल गई हो तुम
वो लौटा है
तुम्हारे ऊपर अपना हक़ जताने
ये बताने कि कितने क़रीब से जानता है तुम्हें

कमर के नीचे की धारियों पर उसके चुम्बन की ज़द से बाहर होकर
सुनना उसे

उसे कहना
कन्धे के तिल और आँखों के काजल की याद दिलाकर
वो कभी वापस उस दिल में जगह नहीं बना पाएगा
जिसे सबसे मुश्किल वक़्त में वह तनहा छोड़ गया था

भरोसा मत करना उस पर
तुम्हारी देह का वह गुप्तचर
तुम्हारे जीवन से बड़ा कभी नहीं है...

उम्र की सलाखें

बहुत बार हम अम्मा के आगे से शीशा उठा लेते थे ये कहकर
कि आपको तो आदत है माँग निकालने की
क्या बार-बार शीशे में देखना

अम्मा जवाब नहीं देती थी
बहुत दिनों बड़ी उम्र की औरतों को पार्लर में देख हम खी-खी करते रहे
इनका शौक़ देखो ज़रा
सजने चली हैं

सभी की ज़ुबान पर उम्र का लेप चढ़ा रहता
ये क्या बाल खोलकर काली माई बनी हो
बूढ़ी घोड़ी लाल लगाम

अम्मा के पास कभी लिपस्टिक नहीं थी
हम चाहते तो दे सकते थे
पर सामने से आईना हटा देने वाले हम
क्यों समझते भला कि धीरे से सरमाती हुई अम्मा सिन्दूर लगी उँगली ही
होंठों पर फिरा लेती थी

कौन और कब तक सुन्दर लगे ये किसने तय कर दिया उम्र बहुत आसान
निशाना है

इन औरतों को पच्चीस-तीस की उम्र के अपने बच्चों के बाल ठीक करते
हम कितनी बार देखते हैं
इनके मन में उन बच्चों के लिए इतना लाड़ कि गोद में बिठा आज भी
मुँह पोंछ कर ख़ुश हो सकती हैं

फिर इनकी ही ख़ुशी के इतने हिसाब रजिस्टर में क्यूँ लिखे जाते हैं
क्यूँ ये देर तक नहा नहीं सकतीं और क्यूँ ये देर तक तैयार नहीं हो सकतीं
क्यूँ इन्हें कैसे भी कुछ भी पहन निकल चलना चाहिए ये सुनकर
कि कौन देख रहा यार तुमको मम्मी, चलो जल्दी

कल शाम एक बेहद साधारण दिखने वाली औरत
रास्ते में स्कूटर स्टैंड पर खड़ा कर फ़ोन पर किसी से बात कर रही थी
किसी से कह रही थी घर का काम हो गया यार जरा गाड़ी लेकर दूसरी
कॉलोनी तक आ गई
बादल घिरे हैं अच्छी हवा चल रही है हवा के साथ उस बड़े पेड़ के पीले
फूल गिरते देखने का मन हुआ
तो चली आई

मैं मुस्करा दी
इस धरती पर ठीक इस वक़्त एक भरी-पूरी औरत
गिरते फूलों और घिरती घटाओं के लिए घर से बाहर आई है
इन औरतों के रास्ते आसान करना ईश्वर...

सुधार घर

ब्याह के बाद की समझाइशें कितनी सारी थीं

बहन ने कहा भाई ज़रा ग़ुस्से वाला है लाड़ में रहा है ना
उसके ग़ुस्से का बुरा मत मानना
पिता ने कहा ज़िद्दी रहा है बहुत
मनमानी की आदत है
तुम्हारे आने से ज़रूर बदल जाएगा

माँ ने कहा इकलौता लड़का है बहु
और फिर तुम पढ़ी-लिखी हो
समझदारी से काम लेना
औरत प्यार करे तो मरद बदल जाते हैं
आदमी है तुम्हारा, ख़याल रखना

मेरा ख़याल कौन रखेगा का सवाल कभी उठाया ही नहीं गया
और मैं एक सुधार घर चलाने लगी...

सिर्फ़ देह

बुद्धि से ख़त्म औरत देह से चाही गई

आँख से अन्धी हो जाती कोख से बाँझ
पीठ से झुक जाती हैं पेट से लटक जाती है उम्र

आँख के किनारे फ़रिश्ते नहीं
नीली नदियाँ लिपटी सोती हैं
कलाइयों में बरसों की चूड़ी अटकी रहती
साँस की बीमारी से बेहाल

बालों के कम होने से कमतर
स्वाद से ख़त्म हो रहीं
बुद्धि से विचलित
देह से माटी

काम से निठल्ली
दवाई से कम हो रही चेहरे की रंगत
परेशानियों से हलकान
न दिल न ख़्वाब न ज़ुबान

कमर के नीचे की उम्र नहीं होती
ये कहा गया
समाज में इतनी ही हिस्सेदारी निभाती औरत को तुमने गाली दी

औरत बस देह बनी
आदमी कभी न बना आदमी...

बैठो अम्मा

हथेलियों पर सौ-सौ गुलाबों वाले चुम्बन के दिन हैं

बैठो अम्मा कितना भागोगी
उम्र की इस उतरती हुई शाम को संगीत से भर दूँ
चाहती हूँ मैं
इन ब्रेड पाव जैसी गुलगुली हथेलियों से उड़ गए आग रोटी वाले दिन
अब क्यों इन पर मक्खन से नाज़ुक बड़े उतारोगी

अब उतरो अम्मा चार सीढ़ी नीचे
नदी के इस तट पर सुस्ताओ ज़रा देर
एक पूरी शाम तुम्हारी हथेली थामें बैठी रहूँ
कितनी हज़ार रोटियों का सफ़र दर्ज है इनमें
कितने भगोनों के गरम किनारों का चटका बैठा है इनमें
आग से निकली रोटियों पर घी लगाती कितने दाह से गुज़रीं
बोलो न अम्मा
इनमें न जाने कितने मुट्ठी नमक की विकल कथा होगी
इन्हीं से मथा मक्खन
इन्हीं से आई थपकी
इन्हीं हथेलियों में आँखों से बहती नदियाँ रोकी थीं
इन्हीं को न लकड़ी के चूल्हे में झोंकी थी

अब आराम दो इन्हें
इनकी खुरदरी ज़मीन को दे दो बटइया पर
इतनी ऐतिहासिक ज़मीन पर कोई मुहब्बत से मोगरा लगाएगा
फूलों के तमाम बाग़ के विस्तार पर नाज़ से प्रेमियों के हाथ आओगी

आओ अम्मा बैठो
बताओ हमें कैसे साथ खड़े पति ने पूरी देह में झुरझुरी उठाई थी तुम्हारे
बोलो
इस थुलथुले पेट को नवजात बच्चों को दे दो
तकिया बना लें
मुँह सटाकर लें बुडबुड

ज़रा से बचे बालों के घने क़िस्से सुनाओ
आओ अम्मा नदी के और नज़दीक आओ
चक्कर काटने वाले पैरों को इस जल में भिगो दो
उतरने दो दर्द
एड़ियों की दरारें भरने दो

इन्हीं तलुओं पर लिखा था न
यात्रा का योग है
एक जगह नहीं टिकोगी

घर की नींव से घर की छत तक की यात्रा में ही तो पूरी हो जाती हैं औरतें
एक आख़िरी यात्रा के पहले
इन हथेलियों की माटी चूम लूँ
जीवन-भर कैसी उर्वर रही
बंजर भी तो होगा
उघाड़ दो उसे, दिखाओ मुझे
नमकीन बारिशें बरसना चाहती हैं...

नैहर हमेशा झुका रहा

नई दुल्हन के बक्से ही नहीं खुलते आँगन में
उसके नैहर को भी नंगा करते हैं लोग
हल्के गहनों और सस्ती साड़ियों का बाज़ार
उसकी ही ननदों की आवाज़ें
कि उसने उठा के फेंक ही दी है दस ग्राम की पायल
कि इकलौती ननद को सोने का सामान भी दिया जा सकता था

सवा किलो कसार के लड्डू वहीं आँगन में फूटते
किसी में एक कौड़ी न मिलती
भिखारी के घर से आई दुल्हन ने नये घर का बड़प्पन देखा
अपने कमरे के भीतर लम्बे घूँघट में
छोटी आँखों को ये पोंछती कि आँगन से आवाज़ आती
'समेट ले जाओ ये भंगियों का सामान'
मुँहदिखाई के बाद ये जगहँसाई वाली प्रथा थी

ये तड़पीं तो गाँव की बारिशें रूठ गईं
तब इन्हें ही गुनहगार माना गया
ऐसी चाची के भाई
घर के आँगन में अपराधी जैसे सर झुकाए बैठे रहे
गुड़ पानी पी कर लौट गए
ये औरतें कभी न लौट पाईं

बड़े घर की चौखट पर ये कील-सी ठुकी रहीं
इनके सहारे साखू सागौन के दरवाज़ों के पल्ले झूलते रहे

गीली लकड़ी के धुएँ से जब भी इनका जी अफनाया
ये चिड़िया की तरह उड़ जाना चाहती थीं
पर ये पहली बनाई छोटी रोटी की तरह
चूल्हे के मुहाने पर पड़ी झुलसती रहीं।

अधूरी सुफ़ेद कहानियों सी औरतें

जब उनकी माँग उजड़ जाती
उनका भाग्य भी उजड़ जाता
जिस घर की नींव में उन्होंने धूप दबाई थी
उस घर के आँगन से बेदख़ल कर दिये जाते उनके हिस्से के उजाले

वे औरतें छूत की बीमारी की तरह रहतीं कि सामने आ जाएँ तो
बज्जर पड़ जाए शुभ काम में
ये बैल की तरह घर के कामों में जोत दी जातीं
ये निखहरि खटिया पर सोतीं
ये रात-रात रोतीं

ये मुँह अँधेरे नहाने लगी हैं
ये ठाकुर जी को नहलाने लगी हैं
ये बनाने लगी हैं उनके नन्हे कपड़े
ये अपने सपनों-सा सुनहला गोटा उनके कपड़ों में लगाने लगी हैं
ये पूज रही हैं सुबह शाम ये लगा रही हैं ध्यान

ये अचानक ज़िन्दगी से बेदख़ल अलग दुनिया में धकेल दी गईं औरतें
वैधव्य का मातम मना रही हैं
इनके कन्धे पर रखा है घर का जुआ

इनकी आँखों में समन्दर-नदियाँ बल खा-खाकर ख़त्म हो चुके हैं
पिछली याद पर ये बक्से में बिछा लाल कपड़ा निकाल रही हैं
पति की फ़ोटो से बतियाती अपनी कहानी सुना रही हैं
बैलगाड़ी भर के गवना आई लड़की
घर के आँगन में पत्थर का सिलबट्टा हो गई है
इन्होंने घर का बेटा खा लिया
ये तोहमतों गालियों से कुछ इस क़दर झुकीं
कि सीधी ही नहीं हुई इनकी कमर

बरसों बरस ये औरतें बची रहीं
कन्धे पर सलीब लिये
घर के बड़े लड़के को खा लेने वाली डाइन

ये अँधेरे में रहीं
अपना उजाला सौंपतीं ये मर गईं एक दिन
ये वही औरतें थीं जो गाना चाहती थीं
'पिया ले ले अइह हो तनी सेनुर बंगाल से'
इन्हें कभी सुना नहीं गया
ये सूना कर गईं घर का मन्दिर
जहाँ ठाकुर जी का झूला रुका है बरसों से
ऐसे घरों में सावन कभी न आया।

प्रेम जिन्हें नहीं मिला

प्यार इन्हें छू कर भी न गुज़रा
न रँगे पान से इनके होंठ

उम्र की डोर पर वो सूखे कपड़े-सी काँप रही थीं
मुहब्बत की कमसिन बयार ने कभी उनकी छाती हुलास से नहीं भरी
रात कोई बरजोरी कर उनके बिस्तर पर सलवटें नहीं छोड़ गया
गीत के किसी बोल पर इनकी आँख गुलाबी न हुई
मुहब्बत के नाम से नहीं भीगे इनके होंठ

वो इसी धरती की लड़कियाँ थीं
वो यही हैं आज भी
अस्पतालों में ज़ख़्म पर पट्टी करतीं
घरों के चूल्हे घसतीं
हमारे आप के घरों की वो लड़कियाँ भी जो पढ़-लिख गईं बस

ये इतनी फ़िल्मी भी नहीं हुईं
कि मुहब्बत में सब लुटा देतीं
इश्क़ इनके होंठ का नमक होता
जिसके स्वाद से तृप्त होता इनका प्रेमी
ये मचल के कोई व्रत भी न धर पाईं उनके नाम का छुप के
कि दिन भर पानी को तरसती और शाम होते

किस भी रास्ते मिलने पहुँच जातीं और कहतीं
मेरा व्रत था आज तुम्हारे लिए

इन्होंने अपने बेहद सुन्दर पैर को धरती पर उतारा
ये आँख के कोर से ज़रा-सा काजल ले प्रेमी की नज़र उतार देतीं
काश ये थोड़ी कल्पना में जी पातीं
ये जान पातीं आह, दाह और कराह का होना
काश ये विरह की लम्बी रातों की अँधेरी सड़कों पर बौराई-सी भागतीं
ये काट लेतीं नस कलाई की
ये सोचतीं बार-बार मर जाने के अचूक तरीक़े

ये गुज़रती ज़िन्दगी प्यार से चूक गई हैं
रेशमी सलवार और सुनहले दुपट्टे से कभी नहीं मिलीं
ये कभी नहीं मिलीं प्यार से
इनका कोई प्रेमी नहीं था
ये मेहँदी में चाँद ही बनवाती रहीं

ये अँधेरे कुएँ में डोरियों-सी उतरीं
प्यास बुझाई और बुझ गई
ये एक बार मुहब्बत के रंग में रँग जाना चाहती थीं...

मैं अशुभ हो जाना चाहती हूँ तुम्हारे लिए

मैं किसी दिन छोटी लाल चींटी की तरह तुम्हारी शर्ट के कॉलर में घुस
जाना चाहती हूँ
जब तुम अपने संस्कार पर सर अकड़ाये मुझे चलना सिखाओ
मैं तुम्हारी गर्दन में अपना डंक घुसा दूँ
और तुम बिलबिलाते रगड़ते रहो अपनी लाल होती गर्दन और मैं ज़हर
की तरह चढ़ूँ फिर उतर जाऊँ

मैं काली बिल्ली जितनी अशुभ होना चाहती हूँ
उन सब शुभ क़दमों के लिए जो तुम अपने स्वार्थ की ख़ातिर मेरी ओर
बढ़ा रहे
मुझ तक पहुँचने के पहले मैं काट जाऊँ तुम्हारा रास्ता

गौरैया नीम के पेड़ों से उड़ाई जा चुकी हैं
मुट्ठी-भर दानों का आँगन भी छोड़ चुकी हैं
समाज द्वारा बनाई इस दूसरी ज़मीन पर उस उखाड़े धान की तरह ही
नहीं चाहती उगना
जिसके झुरमुटों से बच्चियों की मुँह बँधी लाशें मिलीं
मैं किसी बबूल की तरह फैल जाना चाहती हूँ पूरी ज़मीन पर तुम्हें
लहूलुहान करने के लिए

कोमल मन वाली लड़की पलट देना चाहती है वो सारी बाजियाँ जो बिछाईं
भी तुमने जीते भी तुम

मैं इस बार एक चालाक और अति सतर्क खिलाड़ी की तरह ज़िन्दगी के
पासे फेंकना चाहती हूँ
बाजी बराबर की होनी चाहिए

मैं किसी दिन एक नन्हे स्क्रू की तरह तुम्हारी बनाई मशीन से गुम हो जाऊँगी
मैं छेनी हथौड़े के परिवार से सीखूँगी रोज़गार
और तराश कर रख दूँगी अपना पूरा इतिहास
तुम बिगड़ी हुई मशीन की तरह कभी नहीं चला पाओगे मुझे

तुम्हारा स्क्रू ढीला है
ये बता-बता कर मुझे पागलख़ाने की राह दिखाने वाले
एक स्क्रू गुम हो जाएगा
और कभी नहीं कस पाएगी तुमसे ज़िन्दगी की गाड़ी...

खा ली?

खा ली?

इस बेसब्र पुकार पर वो
ख़ाली ही उठ गई बार-बार
उसके खाते वक़्त ही दुनिया सारे ज़रूरी काम तैयार रखती है

ख़ाली है पेट भरी है थाली
वो खा ली है ...

जन्मों से ऐसे ही खाती हैं औरतें
जन्मों से ख़ाली है वो
जन्मों से एक पहला कौर उठाते ही उठती है आवाज़

अरे खा ली क्या?

ये प्यार नहीं है

आप चाहते हैं प्रेमिका को वही जॉर्जेट वाली साड़ी गिफ़्ट करना
और बारिश में उसे भीगते हुए देखना
आप तर्क देते हैं मैं बिलकुल फ़िल्मी आशिक़ की तरह हूँ क़दर किया करो

इन प्रेमियों को पत्नियाँ भीगी हुईं कभी नहीं भायीं
आँगन से कपड़े उतारते वो बेशक बारिशों के गले लगी हों पर पति को
कभी नहीं दिखीं मेनका सरीखी

एक प्रेमी सारा दिन गूगल खँगाल कर देख रहा अतरंगी अन्तर्वस्त्र
जिनके स्क्रीन शॉट्स से भरा है प्रेमिका का फ़ोन
नित नये वीडियो दिखाता बता रहा है
देखो लड़कियाँ कैसे ख़ुश करती हैं प्रेमियों को
सीखो तुम भी

इन पुरुषों की पत्नियाँ पड़ गई हैं पुरानी
सोच पर ज़ंग लगी है
कपड़े तो उन पर कोई अच्छे नहीं लगते
उनके फ़ोन में इन सात फेरों वाले पतियों का हर दिन एक ही सन्देश आता है
'आज देर हो जाएगी'

इन बेचारों को धरती पर जल्दी आना चाहिए था
जब नंगे रहते थे लोग
थोड़ा बाद में भी आ सकते थे जब पत्तों के कपड़े पहने जाते थे
सभ्यता में इतनी दूर निकल आने पर, कभी-कभी लगता है,
ये कितना पछताते होंगे

अरे क्या शरमाना सुन्दर सेक्सी दिख रही हो
जाओ वो नीली जालीदार नाइटी लो
मुझे तुम्हें ऐसे कपड़ों में देखना है

एक बात याद रखना मेरी दोस्त
जो तुम्हारे निर्वस्त्र शरीर की कल्पना में खोया है वो तुम्हारे प्यार में नहीं है
कौन से कपड़े में तुम्हें कब कैसी लगना है इसका चार्ट तुम्हारा प्रेमी नहीं बना सकता
जब तुम नहीं रहोगी उसके पास तब वो किसी और पारदर्शी लड़की की देह की ढलानों पर लुढ़कता मिलेगा
जिनके दिमाग़ में नंगी लड़कियों की वीडियो भरी हैं
जो बीमार हैं दिमाग़ से
ये वही होते हैं जो एकदम से लव यू बोलते हुए किसी हॉट से कपड़े की तस्वीर भेजें और बोलें
तुम्हारे बर्थडे पर तुम्हें यही गिफ़्ट करूँगा
पहन के दिखाना मुझे

ये प्रेम का मामला नहीं है दोस्त
छुप-छुप कर तुम उनकी पसन्द के जो कपड़े ख़रीद रही हो
मत करो ऐसा प्यार
या कम से कम इन रिश्तों को प्रेम कहना तो छोड़ दो
घर की औरत तक हर रोज़ देर से पहुँचने वाला प्रेमी
तुम्हारी ज़िन्दगी से बहुत जल्दी चला जाएगा...

काम-भर की लड़कियाँ

लड़कियाँ खटिया पर बैठकर नहीं खातीं
न फैलकर
पैर सीधे करके तो बिलकुल ही नहीं
भगोना तसला परात में खाने वाली लड़कियाँ
आँधी-बवंडर की तरह घर को परेशान करती हैं

लड़कियों में सात हाथियों का बल होता है
पल में घर के सारे काम ख़त्म कर पढ़ाई-लिखाई-सिलाई-बुनाई
सब कर सकती हैं
ये बरात भर खाना बना कर भी चिड़िया का पेट रखती हैं
इनकी नींद एक झपकी में पूरी हो जाती है
कभी भी किसी की भी आवाज़ पर सिर्फ़ इन्हें ही उठना होता है

जब ये घर छोड़कर जाती हैं
तो घर के काम के लिए इन्हें याद करते हैं लोग
तब ये दूसरे घर के काम में जोत दी जाती हैं
अब खटिया पर बच्चे को दूध पिलातीं ये पाँच किलो मटर छील रही हैं
उधर घर की चिट्ठी में लिखा आ रहा है—
एकदम से घर वीरान हो गया
घर में बर्तन-पोंछा के लिए काम वाली रखी गई है
खाने के काम में ही दिन निकल जाता है

ये जिस घर से निकलीं इनके हिस्से का काम कामवाली करने लगी

ये काम-भर लड़कियाँ थीं
पहाड़-भर वज़न उठाने वाली

सुनो! मुझे इस घर में तुम किसलिए याद करोगे?

तुमने घर सँभाला
तुम्हारी बनाई तहरी अम्मा के हाथ का स्वाद देती है
तुमने हमेशा मेरा साथ दिया
मेरे हिस्से की ग़लतियाँ अपने सर लीं

गाँव वाली बहन अचानक छाती से लगा लेती है
काहे बिसूर रहीं जिज्जी, हम अपने घर में ही मज़दूर की तरह खटाए गए हैं
हम काम से ही इस घर या उस घर में जाने जाएँगे

मुझे कभी यूँ ही मेरे होने के लिए कोई नहीं याद करेगा

घर आईं बेटियाँ

आम के मौसम में आई बेटियाँ
कोयल सरीखी होती हैं
सूनी फुलवारियों को अपनी आवाज़ से ज़िन्दा कर देती हैं

जबकि ये नहीं हैं ज़िन्दा
कब की मर चुकी हैं तुम्हारे हिसाब-किताब से
तुमने ही सन्देशे भेजने में देरी की
तुमने ही इन्हें कहा
इस त्योहार उस त्योहार
या आम के मौसम में आना

ये पतझड़ के तमाम मौसम अकेले गुज़ार ले गईं
इनकी जान ख़तरे में है
ये उम्र और बीमारी से नहीं
कैसे भी कभी भी मारी जा सकती हैं

इन्हें जल्दी-जल्दी बुलाओ
बार-बार जीने का मौक़ा दो
उड़ने वाली पगडंडी धसकने के पहले
चहकने वाली डाली टूटने के पहले
सुस्ताने वाली छाँव में धूप उतर जाने के पहले

इन्हें बुलाओ और भर दो प्यार से
पलटो बार-बार खोइछा
मत कहो फिर मिलना किसी ब्याह-शादी में
कोई रीत-रिवाज निभाने को

बड़ा धूसर है रास्ता
बड़ी काली है नदी
बड़ी जालिम है देह
बड़ा आसान है इन्हें छील कर इनकी बोटियाँ करना

इनका कोई एक टुकड़ा मायके के सिवान तक पहुँचे
इसके पहले तुम इनकी पहचान कलाई के धागे
गले के तिल से करो

अपनी जाँघ फाड़ इन्हें छुपा लो
ये बहुत हौलनाक समय में अपनी देह को सरापती मर रही हैं

इन्हें आम की बगिया में कोयल-सा कूकना है
ये हूक रही हैं

मेरी प्राथमिकता

मैं उसकी ब्याहता नहीं प्रेमिका हूँ
उसके भले के लिए मुझे इस रिश्ते का ऐलान कभी नहीं करना
उसके चले जाने के डर से भरी मैं उसकी हर बात को मानती हूँ

उसके ज़रा-से बचा कर लाए समय में मैं मेघ बन उसके तन-मन पर
छा जाती हूँ
प्रेम में उलाहना तो उसे ज़रा पसन्द नहीं
वो कहता है
'तुझे प्यार करता हूँ कुछ और क्या चाहिए तुझे'

कुछ बरसों तक मैं सारे नियम निभाती रही
बहुत सारी मुलाक़ातों को अधूरा छोड़ वो अपने घर चला गया
कुछ बार चाय की प्याली हमारे बीच आई ही थी कि उसके ज़रूरी काम
ने उसे बुला लिया
मैं दो प्यालों से उठ रही भाप से आँख सेंकती रही

मैं उसकी प्राथमिकता में थी ही नहीं
मुझे उतना ही मिलना था जितना वो देता
भीड़ घर बाहर समाज ऑफ़िस रास्ते वो बड़ी आसानी से मुझसे अजनबी
बन आगे बढ़ जाता

अब मुझे भी आगे बढ़ना था
प्यार करती थी
प्यार करती भी रह सकती हूँ
आख़िर दिल पर किसका ज़ोर

लेकिन रिक्त स्थान में एक बेजा शब्द या अर्थ की तरह नहीं रहना मुझे
दो कप चाय के साथ अकेले पड़ जाने की उपेक्षा को भी बर्दाश्त नहीं करना
हर बार अधूरी मुलाक़ातों को गले में नहीं था अटकाना

सो निकल गई
उस फाँस से
एक चाय के साथ एक सुन्दर शाम मैंने उसके इन्तज़ार में जी हलकान
नहीं किया
नहीं गई मिलने न बात की
उसके बचे-बचाए वक़्त को अलविदा कह दिया

उससे कहा जहाँ भी है अपने पूरेपन के साथ रहे
उससे कहा मैं हरगिज़ नाराज़ नहीं
न मर जाने की बेवक़ूफ़ी करूँगी
साढ़े चार शाम से छह बजे तक वो मेरी चिन्ता से मुक्त रहे

दिन ने खुले मन से मुझे चौबीस घंटे दिये हैं
जीवन ने कुछ और उम्र शायद
मैं अपने जीवन को अपने लिए अपने हिसाब से ख़र्च करूँगी
घंटे-आध घंटे तुमसे बात करने को होल्ड पर रहने वाली लड़की कब
तक आँसू बहाएगी

बेआवाज़ गिरे हरे पत्तों को ख़ुद ही तय करना है अपना आगत
पिछले पतझड़ ठूँठ थे बहुत पेड़
अब नये पत्ते आएँगे

फिर से शुरू होगा छाँव का क़िस्सा
और मेरे हिस्से का जीवन भी

पूरा जीना मेरे दोस्त
और जीने देना...

पुरखिनें

जिन पुरखिनों की तस्वीर नहीं थी उन्हें स्मृति से रेखांकित किया गया

जैसे मझिलो चाची जब गवना आईं तब डोली में झुक के बैठी रहीं
आँगन के अन्दर आते चौखट से उनका सर छुआ जाता
सात फुट से क्या कम रही होंगी

जो भी साड़ी पहनतीं नीचे से उटाँग पैर दिखता
उनकी यादों में भी ऐसी गहरी तस्वीरें होतीं
कि फिर अगली पीढ़ी बिना भूले उनके रूप-रंग को ठीक वैसे ही रेखांकित
करती रही

जैसे गगन पुर वाली छोटकी दादी ठिंगनी थीं क़द में
पर काम में फुर्त
मोढ़े का सहारा लेकर खपड़ा पर की लौकी तोड़ लेती थीं
छोटकी मचिया पर ऐसे सो जातीं जैसे कोई बच्चा
उनके कच्चे-पक्के बालों को लेकर बातें होतीं

बाबा की बैठक में चार पीढ़ियों की फ़ोटो लगी हैं
बाबा परबाबा उनके बाबा इस तरह
पर उनकी औरतों की कथा है चित्र नहीं
वे सभी फ़ोटो समय के साथ पियरा-सी गई हैं
पर पुरखिनों की कहानियाँ एकदम से साफ़ और स्पष्ट

इन औरतों से पुरखों के नाम पूछे जाते रहे
दुवार के समाज से दूर रहकर भी ये दस पुश्तों के नाम अपने गीतों में लेती रही हैं
ये कहीं दर्ज हुई हों या नहीं इनके नहीं रहने पर ये गाँव-भर में इस बात को लेकर चर्चा में बनी रहीं
कि सबके ही पुरखों के नाम तो इन्हें ही याद थे
उँगली पर मौसम गिनकर चाचा बड़का बाबू का जन्मदिन ये बता देती थीं

घर की इनसाइक्लोपीडिया
हमारे बाबा के घर में ब्याह कर आईं कुछ औरतें उपेक्षित डायरी सी रहीं
कोई गीत कोई नाम कोई बात कोई झगड़ा सबकी डिटेल इनमें मुँहज़बानी लिखी है
मेरे ही पटीदारी की तेरह साल की विधवा दादी अपनी उस नन्ही सी उमर में क्या पहनती थी
बस ये किसी को याद नहीं
सब कहते हैं कोल्हू में बैल की तरह थी

इन औरतों की तस्वीरें मेरे गाँव की बैठक में नहीं हैं
उनकी यादें हैं
कोई बताए कि जब वो मर गई होंगी तो कौन सी फ़ोटो को सामने रख गरुड़ पुराण का पाठ हुआ होगा
या वहाँ भी होगी परदेदारी—मर कर भी क्यूँ मुँह दिखाना

मेरी कविताओं की दीवारों पर भी चौतरफ़ा मेरी पुरखिनें दर्ज हैं
अपने पूरे अधूरे जीवन के साथ
बस उनके पैर की बिवाइयों में मुझे मोम भरना है
वहाँ रक्ताभ रेखाएँ हैं
मैं उन्हें छुपा नहीं पा रही...

घर से गईं बहनें

लड़कियाँ बेशक दूसरे घर चली जाएँ
पर अपने पहले घर से कभी नहीं छूटतीं
उन्हें विदा कर चैन से साँकल लगाकर सो मत जाओ मेरे भाई
उनकी बन्द साँकलों पर भी अपनी नज़र रखो
देखते रहो
चुलबुल-सी रहने वाली तुम्हारी बहन
बन्द किवाड़ के पीछे कहीं बादलों के चित्र तो नहीं बना रही

एक घर जो विदा कर भूल जा रहा है
दूसरा घर जो भूल से भी उसका नहीं हो रहा है
इनके बीच के रास्तों के तूफ़ान में कहीं वो अकेली तो नहीं पड़ गई

क्या पुलिस की पूछताछ में तुम ये कहोगे
कि पति ख़याल तो रखता था
पता नहीं कैसे ऐसा कर ली
घर में कुछ भी तो ऐसा नहीं था जिससे ऐसा क़दम उठाए
हमारी तो समझ में कुछ नहीं आ रहा

इस बयान से उसकी गई जान वापस नहीं आएगी
अनादर और उपेक्षा से इनका भी मनोबल टूटा है
इन्हें भी साथ की ज़रूरत थी हमेशा

ये सारी ज़िन्दगी सुन-सुनकर मरती रहीं—
बहुत बड़े घर की थीं तो रहतीं उधर
उधर बड़े घर को बेटियों की नहीं कोई ख़ैर-ख़बर

धरती से गौरैया का ख़तम होना अशुभ होता है
ऐसे जटिल मुहावरों में इन्हें क़ैद करने से बेहतर नहीं है इनकी ज़िन्दगियों
की थोड़ी ख़बर लेते-देते रहना

अरे मेरी छोटी बहन है ये
क्या जानते भी हो इस छोटी बहन के मन में कितने बड़े-बड़े पहाड़ टूटते रहे
गाँव की पगडंडी पर आँधी का बवंडर उड़े तो समझना छोटी बहन बड़ी
बेचैन है इन दिनों
धूल से दरवाज़ा मत बन्द करना...

प्रार्थना

प्रार्थना करना कि मैं रहूँ बेचैन

नींद के लिए प्रार्थना करना इतनी गाढ़ी न हो कि ख़्वाब में अपना मायका
न पहचान पाऊँ
प्रार्थना करना कि मेरी प्रार्थना में महफ़ूज़ रहे ज़मीन-आसमान
कुएँ में भरा रहे पानी
तालाब में खिले रहें फूल
प्रार्थना करना कि मेरे स्पर्श की भाषा मुखर हो
मेरी आँखें नम रहें
रोटी के आगे नत हो जाऊँ
पानी को सर चढ़ाऊँ फिर प्यास बुझाऊँ

प्रार्थना करना मुझसे होकर गुज़रें सबके दुख
मेरी छाँव में थके प्रेमी आश्रय लें
इतना बड़ा हृदय हो कि अपने बच्चे की थाली से आधा खाना दूसरे बच्चे
को खिला दूँ

प्रार्थना करना कि चुपचाप छोड़ जाए प्राण देह को

अच्छी फ़सल के उछाह से भरे मेहनतकश किसान आसमान को देख कह दें
किसी नेक आत्मा का आशीष है अबकी

मालामाल खेतों के धान की पकी बालियों में किसी जन्म उतरूँ
और झूम जाऊँ

प्रार्थना करना इस क्रूर समय में
कुनकुने पानी की तरह किसी के गले में ठहरूँ
किसी के माथे पर देर तक सर्द पट्टी-सी रहूँ
प्रार्थना करना कि किसी के बूढ़े हाथों को न उठना पड़े अपने जवान बेटे
की गुहार में

उखड़ती साँसों में ज़रा देर तसल्ली-सी उतर जाऊँ
कड़वी दवाइयों में किसी रोज़ उतर जाऊँ माँ के दूध के स्वाद की तरह

प्रार्थना करना
आँसू न सूखें मेरे
चलने में असमर्थ रहूँ फिर भी बीमार तक पहुँचूँ।

सोई हो क्या?

सोई हो क्या?
ये बात आधी रात जब बेटी अपनी माँ से पूछे
तो समझना बेटी परेशान है
जग जाना चाहिए अम्मा को

सोई हो क्या?
जब माँ अपनी बेटी को जगाती-सी पूछे तब समझना
बेटी भूखी सो गई
फ़िक्र जाग गई

सोई हो क्या?
जब पति अपनी पत्नी से पूछे
तो करवट बदल पूछ लेना चाहिए हाल
कोई काम का बोझ होगा
इस वक़्त उसे सेमर-सा हल्का कर सकती हैं औरतें

जब आधी रात औरत पति को लगाती है आवाज़
सुनो सो गए क्या?
नींद नहीं खुलती न आती है आवाज़
औरत अपने बच्चों को लेकर कुछ बातें करना चाहती है

सोई हो क्या?
जब प्रेमी पूछे
नहीं बदलनी चाहिए करवट
यूँ के सो गई हूँ
किसी स्पर्श किसी मान-मनौवल
किसी आसमानी गीत
किसी रूहानी आवाज़ में
आत्मा तक उतरती रहनी चाहिए उसकी आवाज़
सोई हो?

मैं भी गहरी नींद के लम्बे नाटक में कबसे सोई हूँ
हर रिश्ते की आवाज़ नदारद है

सुनो! सोई हो क्या?

देर से ही सही

हमने शादी जल्दी की
सपने देर से देखे
हाथ-पैर जल्दी-जल्दी चलाए
मुँह बहुत देर से

हम तेज़ हाथों से तोड़ते मटर की फली
तेज़ आग जलाई
हमने जल्दी-जल्दी उतारे सलाइयों से स्वेटर
हम देर से उतरे अपनी नींद में

हमने जल्दी-से पार किये रस्ते
जल्दी से भागे घर की ओर
जल्दी लौटे घर
हम देर से पैरों को मोड़ पाए अपनी यात्रा की ओर

हम जल्दी-जल्दी डरे
जल्दी डराए गए
जल्दी से मान ली सज़ा
जल्दी से सर झुकाए
हम देर तक रहे कन्धों पर सर उठाए
पहली बार हमने खिड़कियाँ खोलीं
कन्धे उचकाए

हम जल्दी पैदा हुईं लडकियाँ
जल्दी-जल्दी में जीती रहीं ज़िन्दगी
जल्दी से घोट दीं सपनों की उड़ान
जल्दी से बूढ़ी हुईं
जल्दी मरीं

हम देर से समझ पाए ज़िन्दगी
हरसिंगार के नीचे चूनर खोले हम देर तक नाचते रहे

देर से ही सही
जल्दबाजी छोड़
अब इस दुनिया में क़दम जमा उन्मुक्त साँसें लेने लगे हैं
हम देर से ही सही
जीने लगे हैं...

ये बहक गईं लड़कियों का दौर है

ये जल्दी पट जाती हैं

अकेली रहने वाली लड़कियाँ
बोलतीं ज़्यादा, ज़्यादा मुस्कराती हैं
बेहिचक करती हैं ख़रीदारी पर्सनल चीज़ों की
कहते हैं ये आँख में खटक जाती हैं
और ऐसी लड़कियाँ बड़ी जल्दी पट जाती हैं

जो लोकल के नॉर्मल डिब्बे में
किसी महिला साथी के साथ सीट नहीं करतीं शेयर
बैठ जाती हैं किसी पुरुष के साथ
करने लगती हैं राजनीति की बात
तर्क करती हैं
बनती हैं बहस का हिस्सा
ऐसी ही मुँह लगने वाली लड़कियाँ पट जाती हैं अक्सर

जिनकी टाँगें दिखती हैं
गला और कन्धे दिखते हैं
दोस्तों के साथ पार्टी करने वाली
देर रात घर आने वाली
सिगरेट और शराब वाली इन लड़कियों के नाम यही तमगा है
कि ये चाहती हैं पट जाना या पटाना

दुनिया के सारे काम छोड़कर लोग
नाभि और आइब्रो पर पियर्सिंग करवाने वाली लड़कियों को आवारा और
बाज़ारू का प्रमाणपत्र बाँट रहे हैं

तन ढका रहे
हिंसा बलात्कार सब रुक जाएगा
मन की चोट मन में रहे
छेड़छाड़ को दबा-छुपा लिया जाए
लड़कियों की इच्छाएँ भाड़ में जाएँ
पर वो सती-सावित्री की तरह रहें
घर का ही कोई सत्यवान कर ले चीरहरण
लड़की औक़ात में रहे

लड़कियाँ औक़ात में नहीं हैं आजकल
सारे क़ायदे छोड़ लड़कियाँ छुट्टा घूम रही हैं
ये बहक गईं लड़कियों का दौर है
ये तुम्हारे बनाए फ्रेम में नहीं हो रहीं सेट

फ्रेम टूटने की आवाज़-भर है
तस्वीर बदलने की बात है
सुना आप सारी रात परेशान हैं...आजकल

उनकी पसन्द की औरतें

उन्हें ज़ुबान वाली औरतें पसन्द नहीं थीं
उन्हें पर्दे वाली औरतें भी नहीं थीं पसन्द
उन्हें गहरी आँखों वाली औरतें जितनी पसन्द थीं
उतनी ही छोटी आँखों और पतली देह वाली भी
वो शिकायतों से चिढ़ जाते थे
वो ज़रा-सी माँग पर अवसाद से भर जाते थे

वे आखेट पर हैं और औरतें शिकार हो रही हैं
औरतें बीमार हो रही हैं
ये औरतें ईमानदारी का लेबल लगा कर तमाम आदमख़ोरों को बचा रही हैं

ये कमज़ोर हो रही हैं
ज़रा-ज़रा सी चाह में ये अपना सब कुछ लुटा रही हैं
वो कभी पलट कर नहीं सुनता इनकी बात
न पोंछता आँसू
न दुख में थामता हाथ
न ज़रूरत पर करता बात

उन्हें ऐसी औरतें बिलकुल नहीं पसन्द जो तिरियाचरित्तर दिखाएँ
दरअसल उन्हें औरत नहीं ही है पसन्द
कठपुतलियों के देश से तमाशा ख़त्म न हो जाए

उनकी उँगलियों में डोरी है
वही नचाते हैं वही सुलाते हैं
वही बदलते हैं कपड़े
वही किसी बक्से में उतार धरते हैं उनके कपड़े

कपड़े की औरत भी अब तो छटपटा रही
छूटने-टूटने के डर से उन्हीं रँगरेजों के गीत गा रही
तमाम रात विलापती औरत के नज़दीक बहुत भीगी हूँ मैं
कितनी-कितनी कहानियों में वो छली जा रही है।

काग़ज़ की नाव समन्दर में

हल्दी मेरी थी तुम सबके चेहरे क्यों जर्द थे?

अँजुरी-भर चावल लिये मैं नये पीढ़े पर बैठी
बिना किसी कुतूहल के परिवार को भीड़ की तरह देख रही थी
चाची लोग बेसुरा गीत गा रही थी
बीच रसम मुझसे पूछतीं
बबुनी चुमावन वाला गीत बता देई
मैं आँख नीचे कर बोली
'चूम चूम चुमावन अम्मा सोहागन चूमे में कंगना लुटाये डारि'

गीत फिर ट्रैक पर
हल्दी माथे गाल हाथ पैर की हो रही थी
मैं ग़ैर की
अँजुरी में रखी अँगूठी बदल रही थी
बदल रहे थे लोग
छोटी चचेरी बहनें पहले चहकतीं फिर मेरे गले लग जातीं
भक् दीदी अब केकरा साथे गावल बजावल जाई

कोई स्मृति में ऐसे अटक रहा था जैसे उँगली में कुश की अँगूठी

मिट्टी लेने औरतें घर की कम किसी प्रसूता को देह से पकड़ ले जातीं
जान पड़ी

अम्मा ने आँख पर आँचल धरा
और ज़मीन के गड्ढे में मुझे छूने को बोला
समन्दर है?
मैंने कहा यहाँ नहीं
भेज रही हो न
अम्मा और साँवली हो गई
बहन गाल पर ज़्यादा मली हल्दी छुड़ा रही थी

पिताजी चाचा मामा सब हल्दी से पैर भिगा रहे मेरे
जीजा जी पहली बार भरे गले बोले बम्बई जा रही हो साली जी
ख़ूब हीरो मिलेंगे

पर जो छूट रहे वो हीरो
मामा...जिनकी पीठ पर बैठ कर हमने बोला
'मामा त्वामि गच्छन्ति अहम आच्छन्ति'
उन्होंने धौल जमा बोला
बेटा जब कोई भाषा न आए तो इनसानियत की भाषा सीखना

घर की दीवार पर टँगी हर चीज़ पीली थी
आँगन के गड्ढों में पैर मुड़े
रसोई बेस्वाद दिखी
जलेबी पापड़ कढ़ी चावल से महक रहा घर का आँगन

माहौल घर के लोग ऐसा बना रहे जैसे दीवार गिरने वाली हो
जैसे सब लूट के चली जा रही छोरी
जैसे एक रोटी खाती तो आप ग़रीब हो जाते

बालों में चावल पड़े मेरे
छोटी बहनें निकाल रही हैं
बड़ी बहन बार-बार बता रही है
बक्से में सब ज़रूरी सामान है

ग़ैरज़रूरी सामान की जानकारी दी गई
ज़रूरी बातें हल्दी चावल और अँजुरी में थीं

'हमरो दुलारी देई अस सुकुवार हो सहहि न जाने हरदिया क झार हो'

हल्दी का झार न सहने वाली लड़की ने समन्दर में काग़ज़ की नाव उतार दी...

पानी

जब भी रोए सबने कहा
जाओ जाओ मुँह धो लो

हम मुँह धो-धोकर रोना रोकते रहे
पानी से हमारी बहुत अच्छी बनी तब
जब दुनिया से ज़रा भी नहीं बन रही थी

पानी ने ख़ूब जगह दी
लगातार रोने से हुए सर के दर्द को धार से गिरते पानी ने थपकी दी
मुँह पर उड़ते छपाके ने गले लगाया
देर तक पानी और आँसू का फ़र्क़ समझ नहीं आया

अम्मा के नहीं होने में
बहन के विदा होने में
प्यार के टूट जाने में
घर की तीर-सी आवाज़ों के तानों में

पानी ही था जिसने थामा
सबने पानी के ही पास भेजा
सबने कहा जाओ जाओ शाबाश, मुँह धो लो

लड़कियाँ जब दुख में रोईं
उन्होंने ख़ूब पानी ख़र्च किया
कपड़े भले ही पछीट लिये कम पानी में

जब भी कलेजा फटा
वे पानी की धार संग बहीं

पानी बड़ी बहन है
जब भी मुँह धोती है
मैं ज़रा ठीक से जीने लगती हूँ...

कमल की औरतें

जब घर से बाहर होती हैं औरतें
ये तुम्हारे कमरों के कोनों में
एक जाल बुन रही होती हैं
मकड़ी की तरह
ये आहिस्ता से साँस लेती हैं
तो जाले काँप जाते हैं

जब घर में नहीं होतीं औरतें
वे खुली छत की डोरियों पर छूट जाती हैं
भूले हुए कपड़ों की तरह
धूप सहतीं, तेज़ हवा से उसी डोरी में लिपट जातीं सी

जब घर में नहीं होती हैं औरतें
ये अँखुआ जाती हैं पुराने आलू पर
हरी सब्ज़ियों पर साँवली झुर्रियों-सी नज़र आती हैं
ये ख़ाली भगोने में उबलता दूध बन जाती हैं
गिलास में गिलास बन फँस जाती हैं
ये डिब्बों से फिसल जाती हैं तेल सी
ये तुम्हारे माथे पर बल खाती हैं

जब घर से बाहर होती हैं औरतें
बाथरूम की खूँटियों पर कपड़ों-सी लटकी रहती हैं
ये साबुन-सी बची रहती हैं, हथेली वाली साबुनदानी में
ये ख़ुशबू साथ लिये जाती हैं
रसोई के कैलेंडर में दर्ज हिसाब की लाल स्याही में होती हैं ये
बेड की पीठ पर लाल बिन्दी-सी चिपकीं
बेटे के बैग में टिफ़िन-सी हिचकी
गमले के फूल में झरे पत्तों-सी
भगवान के पास कटोरी में कपूर-सी

ये औरतें हैं
घर से बाहर जा कर भी कहीं नहीं जाती हैं
और तुम कहते हो कमाल की औरतें हैं
मुसीबतों-सी क़दम-क़दम पर टकरा जाती हैं।

पहले सोचना

तुम्हारे खाने में अगर आ जाए कोई कंकर
आ जाए किसी निवाले में बाल
किसी कौर में ज़्यादा लग जाए नमक

घर की औरत पर हाथ उठाने से पहले सोचना
चावल चुनती खाना बनाती औरतों को कौन से ख़याल ने परेशान किया होगा भला
उन्हें अन्धी कहने के पहले सोचना
कौन-सा मंज़र देख आँखें मूँद ली होंगी उसने
नींद से कहीं डर कर जाग जाओ तो सोचना किसी भीड़ में अकेली औरत
ने आवाज़ लगाई है इनसानियत को
अपनी बेटी को गले लगा कर कहानी सुनाते समय सोचना उस बेटी के बारे में
जिसे गिद्धों ने ज़िन्दा घेर कर टुकड़े कर दिये

बाज़ार में घूमती पागल-सी औरत को दस रुपये मत पकड़ाना
उसके हाथ थाम किसी फुटपाथ के किनारे ले जाकर उससे बात करना
क्या पता वो चीख़ना चाहती हो
क्या पता कोई नदी रुकी हुई हो उसके गले में
क्या पता कोई निशान लिये फिर रही हो वह अपनी देह पर

तेज़ आग से जल गई सब्ज़ी पर चिल्लाने के पहले तेज़ आग में चीख़ती
औरत का दर्द पता करना

ये जो शहर में धुंध है न
ये उन्हीं औरतों की आग का धुआँ है
ये जो तेज़ शोर है बाहर
हज़ारों औरतों की चीख़ है
ये जो खाने में बाल है न
ये किसी आग में झुलसा हवा के रास्ते तुम तक पहुँचा है

इतिहास लिखे जा रहे हैं
तारीख़ें पलटी जा रही हैं
रोज़ हैवानियत के नये क़िस्से गढ़े जा रहे हैं
औरतें डर कर बर्फ़ हुई जा रही हैं
औरतें पत्थर हुई जा रही हैं
ये पत्थर औरतें एक दिन आपस में मिलकर आग बनेंगी

तुम्हारे निवाले में उन लाशों की बू होगी
खिंचे हुए बाल होंगे
उनकी चीख़ों से भर जाएँगे तुम्हारे कान

पैरों के बीच बह रहे पनारे में एक दिन सब बह जाएगा
देश दुनिया संस्कृति
तेज़ाबी छुरियों की धार पर मरी औरतें सरापती हैं हर मौत के वक़्त

जली औरतों से जल रहे घर के चूल्हे पर सरकारें रोटी सेंक रही हैं
समाज के ठेकेदार अपनी मर्दानगी दिखा रहे हैं

घर की औरतें छाती और जाँघ बचा रही हैं

हवा में इनकी लाशों की गन्ध है
हवा में इनकी आग का धुआँ है
हवा में इनकी चीख़ है
हवा बुरी है आजकल...

अम्मा डिप्रेशन नहीं जानती

अम्मा डिप्रेशन नहीं जानती थी

रात में हिचकियों से भरी मेरी देह से बेचैन हो
गरम कपड़े से छाती सेंकती थी
एकदम से हड़बड़ाकर ढेर-सा तेल सर पर मल देती थी
सरसों के गरम तेल से तलुओं की मालिश करती
अम्मा डिप्रेशन नहीं जानती थी

पंडित से कुंडली की किसी ग्रह दशा पर बात करती
किसी अचानक से रखी पूजा में मेरे नाम का संकल्प लेती
किसी मंत्र को ज़ुबान पर बाँधने को मनाती
न जाने किस किस को बुला कर नज़र उतरवाती
आधी-आधी रात भरी बाल्टी का पानी मुझे सर पर डालते देख
मन्दिर में कोई जप करने लगती
अम्मा डिप्रेशन नहीं जानती थी

महीना चढ़ गया क्या
उधर घर वाले ठीक हैं न
कोई कुछ बोला क्या
उधर मन नहीं लगता?
कुछ नहीं बोलोगी तो कैसे पता चलेगा

पैर टटा रहा?
छाती में दर्द?
कन्धा या कमर?
ज़्यादा काम तो नहीं पड़ गया!

मन की बीमारी से नावाक़िफ़ अम्मा तो कभी न जान पाई
कि मन की भी महीन बीमारियाँ होती हैं
पर्स में दस हज़ार रखने
हवाई जहाज़ से आने जाने वाली बेटियों का चेक इन चेक आउट करना
बस चमक भर है
इनके मन की तमाम गाँठें हैं
इन्हें सही जगह चेक इन करवाने की ज़रूरत थी

हमको कुछ समझ में नहीं आ रहा अम्मा हमको क्या हुआ है...

ठीक ऐसा कहते थाम लेना चाहिए किसी को हाथ
पीठ को सहलाना चाहिए
और कहना चाहिए
होता है ऐसा कोई बात नहीं
बुख़ार ठीक करने की तरह
मन ठीक करने वाले भी हैं
तुमको ले चलेंगे
तुम ठीक हो जाओगी...

औरतों का तीसरा पहर

तीन बजे उतरती दोपहर जीती हैं ये भी

यही समय है बढ़े नाख़ून काट उँगलियों पर रंग लगाने का
यही समय इनकी गिरफ़्त में है जो दो बोल बोल लेता है इनसे
जब ये ये अपने मन की मालकिन होती हैं

इसी घड़ी घुटने तक साड़ी मोड़ चाची नीचे का फटा पेटीकोट तुरुप सकती थी
साथ ही देवरानी को सुना सकती थी दो बात कि बताओ इतना लम्बा
पेटीकोट रहेगा तो घिसटकर फटेगा ही
यही समय है जब बालों को देर तक दुलार सकती हैं औरतें
लोहा कढ़ाई में भिगाई मेहँदी भी इसी वक़्त लगती है बालों पर
रात नींद में मेहँदी की महक और तरावट दोनों कलेजा ख़ुश कर देती हैं

इसी समय साँझा बाती के पहले आसपास की गोतिनें भी आ बैठतीं साथ
मिल के कोई गीत गा लेतीं
ठीक इसी वक़्त
कोई नहीं होता जो इन्हें चूल्हे का काम करने बोले

पखेरू के आराम करने का वक़्त
गाय को चारा डालने के पहले वाली मुस्कराहट ठिठोली
इसी समय नई देवरानी की सुहागरात वाली अँगूठी पर क़हक़हे
नया देवर हीरो है एकदम सिनेमा देख कर सब आए हैं

अब बताएँ देवरानी ऐसा क्या-क्या किये हीरो देवर
लाज से दुहरी काया
लजा ले, दो साल बाद ख़ुद ही बताएगी रात की बातें

दो बच्चों और पच्चीस की उम्र में जिठानियाँ पुरनियाँ बन गईं हों जैसे
जैसे कोई प्रेम में भीगी कथा नहीं
जैसे रात बिस्तर पर न छीट गया हो कोई मुट्ठी-भर मोगरा
जैसे आईने में दिखता कनपटी का सफ़ेद बाल बसंत पीछे धकेल दे

दूसरे की कहानी में अपना हाल देखना
इसी वक़्त दुख-सुख की खुलती गठरी
नया मसाला पुड़िया में पकड़ाने का यही समय

ये तीन बजे वाली महफ़िल झट ख़त्म होती थी
जैसे फर्र से उड़ जाए गौरैया का झुंड

कुछ ने मेहँदी लगाई
कुछ ने बालों की नये तरीक़े की चोटी कसी
बटन टाँके गए
आलता लगाया गया
गीतों-गानों में भूला-बिसरा याद किया गया

बहुत बार जी करता है मेरा
उस महफ़िल में जाकर बताऊँ कि ये उम्र यूँ बुज़ुर्गियत ओढ़ने की नहीं थी चाची
लड़कियाँ अब इस उम्र में प्रेम करती हैं ब्याह करती हैं

वो कैसी क़ैद थी जिसमें काजल आलता से रँगी गई ख़ुशियाँ
बतकुच्चन से मन बहलाया गया
सर पर चुल्लू-भर ठंडे तेल से तन-मन के सारे दुख ख़त्म माने गए।

डरो इन औरतों से

बड़ी बेईमान हैं औरतें कमबख़्त आग से बनी हैं ज़िद्द से तनी हैं कमाल की बज्जर हैं जिये जा रही हैं
कमाल किये जा रही हैं

सारा सौरमंडल ही इनकी परात में मिट्टी हुआ पड़ा है
डरो कि ये इसे मुट्ठी में भर एक फूँक से उड़ा सकती हैं

ये बड़े छोटे का भेद नहीं करतीं
ज़रा-ज़रा सी लोइया से बना देती हैं पूरी दुनिया को एक-सा गोल
एक ग्रह से दूसरे की दूरी भी नहीं करतीं
सब मिले हैं एक में गुत्थम-गुत्थ

ये परात ही आकाशगंगा है इनकी
जब आसमान पर उगा दिये तुमने काँटे
इन्होंने ख़ुद बना ली अपनी दुनिया
समन्दर नदी तालाब बावड़ी सब कुछ
ये पूरे आकाश को परात में उतार लाती हैं
उगने डूबने वाला सूरज इनकी अंजलि का मोहताज है

नवग्रह मुँह नीचा किये इनके सामने पड़े हैं
ये सात समन्दर वाली परियाँ थीं कभी
अभी सात समन्दर की दूरी पर हैं

इनके ग़ुस्से से थरथरानी चाहिए धरती
ये रोज़ ही कितने उल्का-पिंडों को अपनी हथेली में थप्प कर पटक देती हैं
वो बेहद पतला और गोल हो इनके सामने घबराता है

तुम्हें नहीं पता
तुम्हारी थाली में रखी रोटी का क़िस्सा
ये किस आकाशगंगा से होकर आता है
ये आग है
ये हथेलियों में दबी चुनौती है
ये आक्रोश से ग्रह नक्षत्र
इनकी परात में औंधे पड़े हैं

ये किसी दिन धरती को
अपने हाथ और चौके पर घुमा
आँच पर रख देंगी

तुम जिन्हें डरा रहे हो
डरो उनसे
ये लगातार तुम्हारी ओर बढ़ी चली आ रही हैं
इन्होंने नदियों को आँख में साधा है
इन्होंने पहाड़ को पीठ से बाँधा है
इनके ज़ख़्म पर नमक-सी आग है
ये तीन हिस्सा पानी वाला भाग हैं
चौथे हिस्से को ये पेट में पालती हैं

तुम कहते हो
कमाल की औरतें हैं
कोई काम सुनतीं नहीं
ये कितना टालती हैं

कमाल है चावल को पाँच बार दाल को चार बार खँगालती हैं
ये बुदबुदाती-सी मानो प्रलय टालती हैं

ज़हर

दादी कहती
'मेहरारू के जीवन दुर्गम चढ़ाई लेखा होला'
चलते-चलते जाँघ फटने लगता है
लेकिन कोई विनिंग पॉइंट नहीं जहाँ अपने जीवन का जश्न मना झंडा फहरा दें

कच्चे घरों की सीलन में रहती थीं फूल-सी दुलहिनें
जबकि एक खटिया ज़रूर होती
पर वो गिरा कर लाल दरी तभी बिछती जब बाबू साहब लोग की चाहत
वाली नस फड़कने लगे
बाद समय लड़की नीचे ज़मीन पर कहीं गड़ी होती

दीवारें इतनी कच्ची और अनगढ़ कि उसी में से कभी भी निकल सकता
था गोजर बिच्छी कभी तो साँप भी
कुछ लड़कियाँ इतनी नई दुलहिन थीं कि चिल्ला के आवाज़ नहीं लगातीं
और बिच्छी के डसने से बेहोश पाई जातीं
ज़हर की ख़ूब लहर झेल चुकीं इनकीं सुकोमल देह की सुरक्षा में कभी
कोई ठोस क़दम नहीं उठाया गया
तब ये निडर बनाई गईं
पिछले घर-पटीदारी की गोतिनों का उदाहरण दिया गया

उ लोग एकदम नहीं डरती हैं
गोजर बिच्छी को तो कितनी बार चप्पल से चैला से कूच देती हैं
मजाल है चीख़ी चिल्लाई हों
जाँघ पर जोंक वाली कहानियों की औरतें भी उतनी ही सच्ची थीं

नई आई लड़कियों को साँप काट गया
मर गईं
गाँव में आए दिन की बात थी
फलनवा के छाती में बिच्छी डंक मार गई
अक्सर कोने अँतरे डेहरी अलगनी पर लटके कपड़ों में साँप गोजर छिपे होते

कितने ज़हर से बुझी थी इनकी देह
कमाल यूँ बताए गए जैसे ये गृहस्थिन नहीं मदारी का खेल दिखाने वाली औरतें हों

बाहर दुवार की छतें पक्की थीं
खाना पका हुआ मिलता
आदमी का पेट भरा रखने वाली औरतों की कच्ची भीत में ज़हर था

मैं झाड़ू चिमटा चप्पल के होने को शुकराना भेजती हूँ
एक ज़रा सहारा भी कितनी बड़ी बात होती है

बिच्छी के ज़हर से लहरने लगता है प्राण
जीवन की इस दुर्गम चढ़ाई में
तुम अपने बाबू और नैहर को पुकारतीं मेरे घर की औरतें

घर की दीवार चमक गई है अब
सरकंडा लकड़ी लौना से तुम कैसे झटक गईं बिच्छी गोजर
जैसे तुम्हारे सपने

सोचती हूँ तुम्हारी चाहतों के डंक होने चाहिए थे
होता तेज़ ज़हर
घर के लोगों को चढ़ता तो ज़रूर एक बार
एक बार झाड़-फूँक से भी नहीं उतरता

ज़हर की काट भी थी न
जिसने काटा हो अगर उसे मार दिया जाए तो काटी देह को चैन न मिले

तुम्हें मार दिया गया
ज़हर से बेसुध है दुनिया।

आग की लकीर

वे जिन्हें मैं कम पसन्द थी
मैंने उन्हें ज़्यादा तवज्जो दी
मैं उन्हें कम पसन्द क्यों हूँ का जवाब चाहिए था मुझे
मैं उनके आगे झुकी रहती
उनकी बेजा बातें भी मानती
उनके एक कहे पर नंगे पैर दौड़ जाती
उनकी हँसी पर मुस्कराती और पूछती
आख़िर मेरी कौन सी बात पर उन्हें हँसी आई

जानने की मेरी इस ज़िद्द ने मुझे ज़िन्दगी में बहुत तकलीफ़ दी
मैं हर नापसन्द करने वाले को पसन्द आऊँ, इसकी नाकाम कोशिश की
इस भीड़-भरी दुनिया में मैंने हर उस सर्टिफ़िकेट को मान दिया
जिसमें मेरी सिर्फ़ ग़लतियाँ दर्ज थीं

मेरी निष्ठा मुझमें ही नहीं थी
मैं ख़ुद पर कभी भरोसा नहीं कर पाई
मुझे आगे बढ़ने से रोकने को वे लोग वे ताने ही बहुत थे
उनकी हँसी आग की लकीर

मेरे आत्मविश्वास को नीचे और बहुत नीचे गिराकर मुझे दिशाहीन बना
दिया गया
जब कोई मेरा नाम लेकर बुलाता है मैं हैरान होती हूँ
कि मेरा जीवन अब तक क्यूँकर बना हुआ है भला

एक दिन मैं भी तारा बन जाऊँगी
फिर ज़मीन से सवाल करूँगी
मुझे चैन से क्यों नहीं जीने दिया गया आख़िर...

नई राह

अगर तुम रो कर अपने घाव धो रही हो
तो रो लो
नमक अलग कर लेना
ज़ख़्म पर तेज़ाब लगते हैं आँसू

अगर तुम चुप रहकर घुल रही हो
दे रही हो सज़ा अपने आप को
तो रहो चुप
पर अपने बच्चे को अनसुना मत करना
वो बड़ी देर से तुमसे खाना माँग रहा है

घर के किसी कोने को अगर तुमने बना लिया है अपना ठिकाना
नाख़ून से खुरच रही हो दीवार
उँगलियों के पोर के उस लाल रंग को देखना
फूलों को आख़िर कितनी सज़ा दे सकती हो

तुम चाहती हो किसी आग में धुल साफ़ कर लो अपनी देह
किसी भट्‌ठी में गलाई जाओ
किसी चाक पर चढ़ाई जाओ
और लो दूसरा जनम

तो मेरी दोस्त, इतना बड़ा गुनाह भी नहीं किया तुमने
यक़ीन छला गया न?
रात धोखे से कोई देह की नसें खोल गया
ऐसी रातों को किसी अज्ञात जगह दफ़न कर दो
मन की नदी में डुबो
मन की आग में भस्म करो वह दिन वह याद
किसी पहाड़ पर उतरो सूरज-सी
अपने बच्चे को चाँद की कहानी सुनाओ
उससे कहो परियों का चेहरा तुमसे मिलता है

इस बेहद उदासी के बाहर मेले की भीड़ है
वो धानी साड़ी कर आओ किसी चूड़ीवाली दुकान पर
ज़िद्दी बच्ची बन जाओ चूड़ियों के लिए हुलसो
बिन्दी पहन छोटे आईने में उतर जाओ
किसी और सामान की ओर खींचो मेरे हाथ
चलो कुछ और ख़र्च कर दो
मेरी दोस्त! शोख़ियाँ फबती हैं तुम पर
मस्तियाँ पनाह माँगती हैं
बदमाशियों की पूरी दुकान हो तुम

सुनो! अपने दुखों का ब्याह कर दो मेरे साथ
मैं उन्हें ख़ुश रखूँगा...

बड़े घरों की औरतें

उन औरतों ने कभी एक साथ अपने ही सारे गहनों का मुँह नहीं देखा था
पर ताउम्र वो बीस तोला सोने की मालकिन कही जाती रहीं
बीघों खेत की मालकिन औरतें देह की बीमारी के समय बैलगाड़ी से जब
इलाज को ले जाई जा रही थीं
तब उस बड़े धान वाले खेत को अधबेहोश आँखों से देख पाईं

सुन्दर पतियों ने जवान पत्नियों के साथ बस मिनट-भर रात बिताई थी
उसके बाद बदलते रंग-रूप को कभी एक आँख तक नहीं देखा
इनकी जाई बेटियाँ यूँ बड़ी हुईं जैसे उत्तर पट्टी का धान
ये औरतें गुमसाइन उदास कम-रोशन कमरों में बैठ सूई में धागा डाल
कपड़े मोख और तुरुप लेती थीं

टूटे बटन का क़मीज़ बाहर से घर में भेजा जाता
अँधेरी कोठरी में बटन को बड़े जतन से टाँक देती
ये औरतें तब डरीं जब उन्हें गालियों के साथ मायके भिजवाने की आवाज़
आँगन से आई
आख़िर सफ़ेद बटन पर काला धागा लगाने की इतनी सज़ा तो बनती है
मेरे घर के होशदार मर्दों को अँधेरी कोठरी का दुख कभी समझ नहीं आया

ये वही औरतें थीं
जो लालटेन की कम ऊँची बत्ती की तरह सारी रात आँगन में जलती रहीं...

ओ मेरे पति की प्रेमिका!

वो अपनी प्रेमिका से नाराज़ किसी और का पति है
उसकी नाराज़गी को लगभग रोज़ ही उसकी सात फेरों वाली पत्नी भुगतती है

एक शाम रँगे आटे के हाथ उसने पत्नी को कस लिया
गर्दन पर दाँत धरे और चीर कर रख दिया
रसोई में ही मरोगी तुम

प्रेमी पति के दिल की मशीन पर किसी और धड़कन का क़ब्ज़ा है
अन्दर की बात बाहर नहीं आ सकती
पर चोट खाया प्रेमी पति के खोल में बिस्तर पर हिंसक ज़रूर हो सकता है
घर और घर वाली उसके हक़ की ज़मीन है
हरा रखे या बंजर

पसलियों में मीठे नशे-सी करवट बदलती प्रेमिका फ़ोन पर बातचीत के
कपाट जब भी बन्द करती
घर की औरत ख़तरे में आ जाती

औरतें जानती हैं
हर स्पर्श, हर लम्स का फ़र्क़
वे जान जाती हैं, देह पर सवार पुरुष दरअसल चोट खाया प्रेमी है
उम्र और जीवन के इस थिर समय में ये देह से परे हो जाना चाहती हैं

ये मन ही मन कहती हैं
कि जाओ, जिसे प्यार करते हो
वो तुम्हें ख़ुशहाल रखे

हे मेरे पति की प्रेमिका
नसों में छटपटाती रहना बेशक
पर नाराज़ हो दरवाज़े मत करना बन्द

आपादमस्तक तुम्हारी चाह का मारा हुआ ये आदमी
देखो, मुझे जीते जी क्रोध की चक्की में पीस रहा है...

जेंटिलमैन

ये जेंटिलमैन होते हैं

परफ़्यूम से नहाई होती है इनकी देह
इनकी अदा है इनका ब्लेज़र
जो हर मौसम में इन्हें प्रेजेंटेबल बनाता है

इनकी कनखियों के निमंत्रण पर कई ख़ूबसूरत औरतें अपना दिल हारी हुई हैं
इनकी मुस्कान शहद में बुझी होती है
इनके जूते चमकते हैं
जिनकी नोक इनकी तरह वक्र रहती है

ये हाथ मिलाते हैं तो हथेलियों से गुज़र जाते हैं
ये गले लगते कोई कौंधता फ़िक़रा कान में कह जाते हैं
'कि उफ़ कैप्री में इतनी हसीन औरत कभी न देखी'
अपनी उम्र के किसी दोस्त को ये पब्लिकली आवाज़ नहीं लगाते
ये पर्सनली समझाते हैं कि अरे
लोग बड़े कमीने हैं, नज़र रखते हैं

अपने तेरह रिश्तों के साथ ये ईमानदार होते हैं
हर जगह इनकी मुस्कान इनका ब्लेज़र वही होता है
बस कॉफ़ी वाली जगह और मिलने वाली टाइमिंग

मिलने वाली हसीन औरतें
ये हर बार अलग होती हैं

ये कार्यक्रम की रूपरेखा अच्छी बनाते हैं
समय का मैंनेजमेंट भी कमाल है इनका
ये अपना फ़ोन नम्बर ऐसे शेयर करते हैं जैसे तिजोरी का पासवर्ड
इनकी पत्नियाँ इनके हाथ की चाय पीती हैं
ये शाम को परिवार के साथ बैठकर आपस में बातें करते हैं

दूसरी औरतें बस ख़ाली स्थान की पूर्ति-भर हैं
अपने पक्के मकान और पक्की फेमिली को ये आँच भी नहीं आने देते
ऐसे मर्दों पर नाहक अपना जी क़ुर्बान करती मेरी दोस्त!
ये लोग अपनी छतें पक्की
अपनी मुख्तारी सजग रखेंगे
तुम कच्चे घड़े-सी चटक ही जाओगी एक दिन
वह दिन कभी न आने देना...

बिमरही

जो लड़कियाँ ससुराल में कभी भी पड़ीं बीमार
उन्हें इलाज की जगह ये सुनने को मिला
कि पता ही नहीं था, इतनी बिमरही है
न जाने क्या-क्या बीमारी लेकर आईं हमारे घर

कमर के निशान और पेट के ढीलेपन से लगातार उन्हें शक के घेरे में
रखा गया
कि हो सकता है कोई अफ़ेयर
हो सकता है अबॉर्शन कभी

ये जब भी नाख़ुश रहीं, इन्हें सुनना पड़ा
कि सारी मौज-मस्ती कर आई हैं पहले ही
अब कुछ बचा नहीं करने को
ये चुप रहीं तो प्रेमियों के नाम तलाशे गए
इनके पति रहे नाख़ुश तो भरे गए उनके कान
इनकी देह की तलाशियाँ ली गईं
इनकी हर चोट को खुरचा गया

स्टोन के ऑपरेशन वाली मेरी सहेली के कटे पेट को लेकर
हुए बवाल में उसे लगातार यातना में रखा गया कि हो सकता है
कि बच्चेदानी न हो

हो कोई बड़ी हेर-फेर
बाद दिनों वो दो बच्चों की माँ बनी
पर पेट के बड़े ऑपरेशन को छुपाने की अपराधी बनी हुई है आज भी

आज भी खाँसतीं औरतें टीबी की मरीज़
चुप्पा औरतें पागल
बुख़ार वाली औरतें न जाने किस हरामी के ख़याल में बताई जाती हैं

तमाम एक्सरे के बाद ये ग़लत लड़कियाँ चुन ले जाते हैं
तमाम सफ़ाई देने के बाद लड़कियों की बीमारी तानों और उपेक्षाओं के धक्के खाती है

बाद दिनों अगर ये स्वस्थ रहीं
तो बातें पीछा नहीं छोड़तीं
कितनी बीमार आई थी
इतना खाना-पीना रख-रखाव मिला कि देखने लायक़ हो गई
गहरी साँवली बहन की बीस साल की सुन्दर सँभली गृहस्थी में कुछ नहीं कहने को सिवा इसके
कि ज़रा फ़ोटो मिला लो तब की
कैसा रंग था
और अब देखो
अब ये असली सुख में
ज़रा गोरी ज़रा स्वस्थ ज़रा कम बीमार हो गई हैं...

कभी थक भी जाया करो, औरतो

थक गई हो?
अरे नहीं, यूँ ही लेट गई थी
औरत चौकस सारे काम निपटा देगी

थक गए हो क्या?
हाँ बहुत, ऑफ़िस में काम बहुत था
औरत सारी आवाज़ बच्चे की खटपट को कमरे में बन्द कर
उनके आराम की पहरेदारी करने लगेगी

अम्मा! अगर रसोई में हो तो प्लीज़ एक कॉफ़ी बना दो
बिस्तर से रसोई जाने में कितना वक़्त लगता है

सुनो
कॉलेज से लौटते नीचे प्रेस के कपड़े हैं ला दोगे क्या?
अरे अम्मा, मैं लिफ़्ट में आ गया हूँ अब तो

ये जो कभी नहीं थकतीं कभी नहीं रुकतीं और कभी ना नहीं कह सकती हो न
तुम जैसी औरतों के सपने में भी दूध उबलकर गिरता है
'दरवाज़ा खुला' का अन्देशा बना रहता है
तुम्हारे सपने में भी चैन नहीं

सुनो चौबीस घंटे शरीर पेरने वाली औरतो, कभी-कभी थक जाया करो
सो जाया करो गहरी नींद
दुनिया को कोई फ़र्क़ नहीं पड़ता
चौबीस घंटे काम करती औरतों को किसी ने नहीं कहा आज तक
कि बस करो...

रबर की औरतें

औरतें हर तरह घर के मर्दों को ख़ुश करेंगी
जैसे कनपटी पर पिस्तौल हो
औरत जैसे बस झुनझुना है
बिगड़ैल पति को बझाएगी मनाएगी
अरे अरे ग़लती ही ग़लती से भरे हैं हम
आप बस नाराज़ न हों
हम ये भी सीख जाएँगी वो भी सीख जाएँगी

कहावत भी तो है न
ध्यान नहीं रखा तो पति रास्ता भटकेगा ही
कहा नहीं मानोगी तो दूसरी के पास जाएगा ही
ढीठ ज़िद्दी औरतें ऐसे ही अपना घर बर्बाद कर लेती हैं
अब भुगतो

मतलब ये कि घर में अगर कोई है वो बस मर्द
औरत बिचारी अनुकरण करने वाली
मर्दों के मोबाइल में रबर की बनी औरतें हैं
हर हाल मुस्कराए जा रही हैं
देह के किसी भी मोड़ से मुड़ जा रही हैं
वे मोबाइल के गुप्त फोल्डर में रहती हैं

अपनी सुस्त-पस्त औरत से ऊबा आदमी
रबर वालियों से मन लगाना चाह रहा है
घर की औरतों पर ज़ोर डाल रहा है
कि सीखो ज़रा ऐसे
भैंस सी पसरी औरतों पर कौन समय खोटा करेगा

मेरी काम वाली के पति से लेकर मेरी पढ़ी-लिखी दोस्त के पति तक
इन फोल्डर वाली रबर की औरतों सी औरत चाह रहे हैं
बग़ल में सोए हुए भी पछता रहे हैं
फोल्डर में घुसे जा रहे हैं
तोड़ रहे हैं देह

तो ज़रा सुनो
हमने यूँ ठेका नहीं लिया कि झुनझुना बजाते मनाते रहेंगे तुम्हें
घोड़े की तरह बिदक ही जाना तय है तो बिदक जाओ
पहली दूसरी तीसरी बनाओ
हमारे सपनों में भी आते हैं हसीन मर्द
नगाड़े की तरह के पेट से हमें भी होती है ऊब
दाढ़ी मूँछ से एलर्जी है हमें भी
पर तुम बदल जाओ हमने नहीं बोला

अगर सारे शास्त्रार्थ देह पर ही ख़तम होने हैं तो जाओ
उन्हीं रबर वाली औरतों के देस
ख़ुश रहो

हमें रबर की देह बन जाने की कोचिंग देना बन्द करो
हम फोल्डर से बाहर हैं
हम हक़ीक़त हैं

और सुनो, तुम्हारी इन हरकतों से उदास हैं असल ज़िन्दगी वाली औरतें
साथ यही निभाने वाली हैं
काम यही आने वाली हैं
ये किसी भी सीक्रेट फोल्डर में नहीं समाने वालीं...

सेकेंड हैंड किताब और प्यार

रचना भीतरी महाल की लड़की थी
बड़ी मुश्किल से स्कूल आती
बस्ते में किताबें नहीं
घर वाले भरे होते
पेन की निब पर उनकी आँखें उसे तरेरतीं
रचना हमेशा डरती रही

रचना की सेकेंड हैंड किताब में
पहले के विद्यार्थी ने दिल उकेरा था
आँखें उकेरी थीं
लिखी थीं पिछले पन्ने पर कोई दिलकश शायरी

रचना सेकेंड हैंड किताब के उस आशिक़ से प्यार करने लगी
उसने भी बना दीं आँखें सजल
एक दिल पास-पास
कुछ लाइनें लिखीं और किताब को छाती से लगा लिया

रचना का दिल धड़का
बस्ते के लोग एकदम ग़ायब हो गए
निब पर आँखें नहीं
दो खुले होंठ थे
कुछ कहते रहते

रचना को प्रेम करने की सज़ा मिली
बस्ते के लोगों ने बाहर निकल उसकी आँखों और दिल वाली किताब
के पन्ने उड़ा दिये
लिखी लाइन पे उठे सवालों के जवाब में वो ज़मीन में गड़ गई

तो रचना भी वही आम लड़की निकली
डरी सहमी
प्यार के एहसास की अपराधी बनी
और एक दिन
एक अदद घर में
लाल कपड़ों में चुनवा दी गई

निब की टूटी नोक से
अनगिनत रचनाओं के कोरे पन्ने
फाड़े जा रहे हैं करर करर

सेकेंड हैंड की उस किताब का पुराना पाठक
दिल में छुपा बैठा है

रचना समय के कठघरे में खड़ी है...मी लॉर्ड
उसे अपनी सफ़ाई में कुछ नहीं कहना
आप सज़ा सुनाएँ...

एक असम्भव सी चाह

औरतें चित नहीं सोतीं
पेट के बल भी नहीं
उनके लिए करवट सोने को उपयुक्त बताया गया है
कम से कम जगह लेकर सोने वाली औरतों ने ज़्यादा जगह हमेशा ही छोड़ी पुरुषों के लिए

क़ायदों को न मानती मैं किसी बंगाली नायिका-सी केश में फूल का अभिमान खोंसे पीठ के बल सोना चाहती हूँ
यूँ के सोना भी नहीं, बस पड़ी रहना
और गुनगुनाना
मेरी पीठ पर तुम्हारे आश्वासन वाला स्पर्श हो
तुम मेरी हिचकी पर थपथपा कर मुझे सहज करो
पीठ पर होंठ अंकित करते हुए ये कहो कि संगमरमर की असल पहचान न कर पाया शाहजहाँ
कस कर चोली की डोरियाँ बाँधते हुए कहना
मत उघड़ा रखो इन्हें, आशिक़ ठोकर खा गिर पड़ेंगे
मैं अपनी पीठ नहीं देख सकती
मैं चाहती हूँ लिखो कोई चिट्ठी
उँगलियों के पोर से
पीठ के अन्त और कमर की शुरुआत तक
मैं दम साधे हल्की साँस लूँगी

तुम लिखना
धरती के इस सबसे ख़ूबसूरत टुकड़े पर हक़ है तुम्हारा
मैं मानिनी नायिका-सी झटक दूँ जूड़े के फूल
और आहत हो जाए मेरी पीठ
उफ़ से शुरू करो कोई कविता

कोई क्षण करवट लेती है
लाल पाढ़ की सुफ़ेद साड़ी
इन्तज़ार वाली शाम है
पीठ के बीच हथेली रखे मुझे मोड़ लो अपनी ओर
मुझे कुछ और बातें करनी हैं
तुम्हारी आँख से नहीं मिला सकती आँख
मैं लाज से लिपटी हर बात कहूँगी तुमसे
तुम मेरी पीठ पर कान लगा कर सुनो
पीठ के उस पार नदी में बाढ़ आई है
डूब तो नहीं जाओगे?

सब हैं बस अम्मा नहीं हैं

अम्मा के बाल लम्बे थे
बताती थीं जब ब्याह हुआ तब तो घुटनों तक थे
कपड़े की तरह बिछा कर साबुन लगाती
वो बताती रहती
हम इसी झाग से खेलने वाले बच्चे थे

अम्मा को अपनी माँ याद नहीं
कम उम्र रही होगी
बार-बार कहती
हमें किसी ने प्यार नहीं किया
सब काम करवाते रहे

अम्मा अक्सर वो कविता गाती
माँ ने घास की रोटी मुझको दी थी खाने को
इसके गूढ़ार्थ को समझने की उम्र नहीं थी हमारी

अम्मा को हँसने और ख़ुश रहने वाले लोग पसन्द थे
ज़िन्दगी के बेरहम समय को वो बहुत पीछे छोड़ आई थीं

अम्मा पिताजी के सुदर्शन और ख़ुद के साधारण होने की बात कहती
ग़ुस्से में ये भी कि होती कोई गोरी चिट्टी तब देखते कैसे अकेले बच्चा पालती है

अम्मा की शिकायत थी कि पिता के पास आने वाले बड़े ऑफ़िसर से
उन्हें कभी नहीं मिलवाया गया
वो रसोई से खाना भेजती रहीं

एक बार किसी ऑफ़िसर ने पिताजी को खाना खाने के बाद कहा मैडम
को थैंक यू कहिए
इस थैंक यू से अगले कई महीने उजास की तरह थे

अम्मा रूप और भाग्य में भाग्य को प्रबल मानती थी
उदाहरण में वो ख़ुद फिट होती
कहती भाग्य अच्छा था हमारा वरना कहाँ बीएचयू का गोरा सुन्दर डॉक्टर
मुझे पसन्द करता
पर तब पसन्द तो बाबा के पिता ने किया था

दुख को अम्मा किसी फ़िल्मी गाने से रिप्लेस कर देतीं

अम्मा का पेट एक गुलगुला तकिया था
जब वो नहीं रहीं हमारे सिरहाने पथरीले हो गए

गीत गाने ढोलक बजाने वाली लड़की सब को सभी पूछते हैं
सुर से भटक गई आवाज़ को अब कोई नहीं थामता

अचानक चली गई
अम्मा ने बहुत कुछ अबोला छोड़ दिया
हम उस आँगन में खिले हुए फूल हैं
तेज़ धूप से मुरझाकर गिर जाते हैं

नीली साड़ी में वो आख़िरी बार मुझे बाय करने गेट पर खड़ी थी
आँखें अन्तिम बार छलकी थीं अम्मा की

सब हैं पर अम्मा नहीं
अम्मा ही कहती थीं
लड़की की माँ नहीं रहे तो उनका मायका कहाँ होता है भला

हर इतवार पीढ़े पर बैठा कर हमारे बाल धोती अम्मा
ख़ूब खेलते हम झाग से
झाग का पहाड़ हमारी हथेली पर होता
अम्मा बताती ही रहती
ऐसे ही बरफ़ के फाहे उड़ते जहाँ तुम पैदा हुई
हम फूँककर झाग ऊपर को उड़ाते
काल्पनिक ठंड से काँपती ऊऊऊऊ करते अम्मा तौलिया पहना कर हमें
धूप का कर देती

यादें लौटती हैं तो मन के कितने ही तट घायल हो जाते हैं
मन को कौन रिपेयर करता है भला

एक हमारी अम्मा थीं
हम बनारस में उनके साथ रहते थे अब वो नहीं हैं...
बज्जर के देह होला लड़की लोग का
उनके हँसने से जेठ में गुलमोहर खिले रहते हैं
उन्होंने जबकि बेहया और गेंदे का ही फूल देखा
कुछ और फूलों के बारे में बताती हैं जो जंगली थे
कुछ जो काँटों में चार पटल वाले होते
अभी के समय जब शादी के थीम में फूलों की बारिश हो रही है
रस्तों पर गुलाब बिछे हैं
ये बड़ी एहतियात से साड़ी सँभालती कुर्सी पर संकोच में बैठी हैं

ये हँसती हैं कि ब्याह के मंडप में एक लालटेन भर जल रहा था
पर्दे में सिन्दूर हुआ और पर्दे में विदाई

एक चाची तो विदाई में कई किलोमीटर चलती रही सिंहोरा और मोटरी उठाए
लेकिन इक्का ताँगा बैलगाड़ी कुछ नहीं मिला
सौ क़दम आगे चलने वाले सुहाग के पीछे ये भोर के तीन बजे अपने
ससुराल की ड्योढ़ी पर खड़ी थी
ये कहती हुई हँसती है कि कोठरी में आने वाला कोई भी मरद होता ये
उसे पहचान नहीं पातीं

इनके हँसने से मैं उदास हो जाती हूँ
तेरह साल की लड़की को तो गिट्टी गोटी छुपम छुपाई खेलना था
कि ये फिर हँसने लगती हैं
सास जेठानी सिखाती थीं
चैला कैसे चीरते हैं कि हाथ में खोंस न गड़ जाय
और जो गड़ जाय
चूड़ी में सेफ़्टी पिन काहे होता है
उससे निकाल लो
कई बार इतना खोंस गड़ जाता कि काम में व्यस्त उसे निकालती ही नहीं थीं
बज्जर के देह होला लइकी लोग के
जबकि आजकल कितने तो गुलमोहर फूल से लदे हैं
अमलतास से धूप आसक्त गले मिल रही है
सत्तर साल जीवन जीने के बाद
जब आप हँसते हुए काँटे के उस फूल पर अपना दिल लुटाती हैं
तो मैं चुप हो जाती हूँ
ये हुनर होता है पतली उँगलियों का
हज़ार काँटों के बीच से अपने पसन्द के उस पीले फूल को तोड़ उन चार
पंखुरियों की नज़ाकत उठाती
इस पहसुल गोइंथा लकड़ी और चक्की की यात्रा पर अब हँसने के सिवा
कुछ रहा ही नहीं...

हिदायतों ने मार दिये सपने

छोटी पर्ची
साड़ी इतनी महँगी थी कि जब भी लड़की पहनती पूरे घर वाले हाय-हाय करते
जरा सँभालकर, गन्दा कर दोगी, खोंच लगा दोगी और फिर इतनी महँगी साड़ी कभी मिलेगी भी नहीं
साड़ी पहनते ही गालियाँ लिपट जाती थीं

आलता-फालता लगा कर बाइक पर मत बैठना
जाओ मेरे मोजे पहन लो
...और दुख छुप गए

उन्होंने समझाया गँवार की तरह मत रोने लगना
माँ के नहीं होने पर अभिजात लड़की के आँसू हमेशा के लिए सूख गए

उन्होंने कहा फ़ाइव स्टार होटल में रहना है ये सब ठेकुआ सेवड़ा बाहर फेंक दो अम्मा
अम्मा तो तभी बाहर फेंक दी गई
उनकी देह फ़ाइव स्टार के सफ़ेद बिस्तर पर सफ़ेद पड़ी रही

बिजली टूट कर गिरी थी उस रोज़
उसकी आवाज़ से काँप कर छाती से लग जाने वाली लड़की को

पति ने उसी दम बेरुख़ी से अलग करते कहा
ज़्यादा बच्ची मत बनो

घर में इतनी महँगी चीज़ रही कि ख़ुद से ज़्यादा उसे सँभालने की हिदायत
मिलती रही

एक जीवन गर्मियों में गुलमोहर-सा खिला भी होता शायद पर अन्दरूनी
चोटों से सिला रहा मन
और सपने भसक कर ढेर हो गए...

प्यार में चाबी उठाने का होश नहीं रहता

जहाँ मैं रहती थी
आसपास बहुत सारे पेड़ थे
मैं उन्हें नाम से नहीं
उनके फूलों और छाँव से पहचानती थी
एक दिन गणपति मन्दिर के ठीक सामने गुलमोहर जैसे मौज से खिला
पत्ते ग़ायब
बस फूल लदे थे
घर के दरवाज़े में लैच था
मैं गुलमोहर देखने चली गई
चाबी घर में छूट गई

मैं फूल भरे गुलमोहर के सौन्दर्य को अपलक देख रही थी
मैं गुलमोहर के नीचे पकड़ी गई
आख़िर ऐसी क्या वजह थी
या मेरा दिमाग़ ख़राब था जो चाबी भूल गई
गुलमोहर ने बदनाम किया
लैच तोड़ा गया
दिल भी
एक डर के भीतर जीते हुए मैंने अपने ही अन्दर तमाम मौसमों के फूलों का स्वागत किया
मैंने कहा मत किया करो ऐसे जादू

कुछ तो ख़याल करो मेरा
पर मन पागल ही था
गुलमोहर के बाद
तेज़ बारिशों
भरते समन्दरों
तेज़ चलती हवाओं
और आम के बौराए समय में मैं चाबी घर के अन्दर छोड़ निकल गई

जाने कितने प्रेमियों से मिलने को लेकर ताले बाहर लग गए
प्यार की कितनी मुलाक़ातों से दूर मैं चाबी से नफ़रत करने लगी
धूप बड़ी तेज़ है
गुलमोहर की याद बहुत ज़ोर से आ रही
मन्दिर के सामने भाग जाने का मन है
चाबी उठा लेने का होश रखूँ तो मेरा प्यार बाधित हो जाता है...

ये औरतें

मुफ़्त की मज़दूर हैं ये
ये जो दिन-रात खट रही हैं
ये जो उम्र से घट रही हैं
ये जो भूल गईं आईना
ये जो बालों-सी उलझी हैं
ये इतना झुकी हैं कि अब झुक नहीं पा रहीं
ये इतना रुकी हैं कि चल नहीं पा रहीं
ये जो मरते-मरते भी बच गई हैं
ये जो मज़बूत छत-सी तनी थीं
ये जो मिट्टी की बनी थीं
यही जिनके लिए कहा गया
कि कम उम्र में हर हद से गुज़र सकती हैं
मिट्टी हैं किसी भी आकार में ढल सकती हैं
किसी पुराने घर की दीवार पर स्वस्तिक-सी बुझी हैं ये
किसी चौखट पर बिखर गई हैं चावल-सी
ये अकेली मुस्कराती हैं तो घबरा जा रहीं
ये कहीं जाने की सोच तही हैं तो पसीने-पसीने हुई जा रहीं
इनके कन्धे पर घर-परिवार लोक-लाज का बोझ है
इनके मन में नैहर से सासर तक का डर है
ये बहस से बाहर
और बुद्धि से घुटना हैं

ये ज़रूरत-भर भूख हैं
बाक़ी ये ठूँठ हैं
मौसम पर बसन्त की दस्तक हो तो हो
ये बारहमासा पतझड़ हैं
इनके पास भरा-पूरा घर है
घर पति बच्चे से ज़्यादा और भला क्या चाहिए था इन्हें
जो बेवजह बड़बड़ा रही हैं
रो रहीं मरी जा रहीं
जब देखो तिरियाचरित्तर दिखा रहीं...

वह दोस्त जो गई याद आती है
उसके हाथ में जीवन की रेखा कम थी
ये ज्योतिष ने बताया
उसकी देह मिट्टी हो रही थी
हमने ख़ुद अपनी आँखों से देखा
उसके बड़े मन्नत से पैदा हुए बेटे का ग्रह अपनी माँ के लिए ख़तरा है
ये भी किसी पंडित ने बताया था
लेकिन आख़िर दिनों में सबर तोड़ती मेरी दोस्त ने मुझसे कहा
उसे फ़ौरन से पेशतर ठीक करा दूँ मैं
उसने कहा उसे रसोई ठीक से अरेंज करनी है
बड़े महीनों से उसने अपनी रसोई का मुँह नहीं देखा था
उसने कहा उसका शरीर किसी आग-सा दहक रहा है
मुझे फ्रिज से पानी उसके सर पर डालना चाहिए
उसने कहा अगर मैं उसे कुछ देना चाहती हूँ तो कटोरा भर बर्फ़ दूँ
उसके अन्दर कोई आग उसे मार डालेगी
कई कटोरी बरफ़ को चबाते जैसे उसने पहाड़ की सारी यात्राएँ ख़तम कर दीं
उसकी कृश कलाई की सभी नीली नसें एक-एक कर मर रही थीं
उसके अपने पिता ने उसके कान में रोते हुए कहा
देह त्याग दो मेरी बेटी
उसकी ख़त्म हुई देह पर दो बड़ी आँखें मुझे देख गिड़गिड़ाने लगीं

मैं मुँह फेर गई
उसने मौत की आख़िरी दस्तक पर ज़िद्द वाली कुंडी खोल ख़ुद को हवा और आग के सुपुर्द कर दिया
उसके पेट के इर्द-गिर्द बरफ़ की पट्टियाँ उदास नदियों की तरह बिस्तर पर बह निकलीं
ईश्वर अगर डायरी लिखता होगा तो ऐसी मौत के लिए कौन-सी स्याही करता होगा इस्तेमाल

कितना अकाल होगा उसकी डायरी में
उसकी डायरी में रेत की प्यास होगी
उसकी डायरी में हर शै उदास होगी
उसने रसोई की ओर जाने की चाह रखने वाली उस दोस्त को सीधे आग पर रख दिया

अम्मा ही कहती थी
आग लगे ऐसी तारीख़ों को जो बरजोरी करते दिल को बीते मंज़र की याद दिलाती हैं
रसोई की अलमारियों पर बिछे काग़ज़ तुम्हें याद करते हैं मेरी दोस्त
ज़िन्दगी बेरहम रही तुम पर
बड़े दिल से माफ़ करना सबको...

तब हम बदमाश लड़कियाँ थीं

हम दोषरहित नहीं हैं
हमने ग़लतियाँ कीं
हम चुगली करते हुए ज़रा भी शर्मिन्दा नहीं होते थे
हमारी बहन से हमारी जायज़-सी जलन थी
उसकी कोठरी के एकान्त में दख़लअन्दाज़ी की हमने
हमने चुपके से अम्मा का बक्सा खँगाला
चुपके से भाई की जेब चेक करते रहे
हमने पिताजी को और ज़्यादा अच्छे पिता होने के लिए दूसरे पिताओं के उदाहरण दिये
हमने पौधों की निगरानी की जगह उनको जड़ से निकाल देना चाहा
हम चाहते थे कि हमारे पास हमारी दूसरी दोस्त के बैग की तरह का बैग हो
हम बुरा-भला कहते रहे
जब मेहमानों का आना लगा ही रहा हमने आग पर पानी डाल रसोई बन्द की
हमने वह सब किया जिसे बुरे की श्रेणी में रखा जा सकता है
हम ख़ुद बुरे हुए बार-बार
नये मेहमानों की अदालत में
हम ढीठ और बेहद बदतमीज़ लड़कियाँ थीं
ये सारी सरचढ़ी नकचढ़ी और बड़बोली लड़कियाँ अपने अम्मा-पिता के घर में करती रहीं मनमानी
यही थी अम्मा की गुड़िया जापानी
इन्हें ही कहा गया

कर लो जो मन हो
फिर तो हो जानी है सब दुनिया अदल-बदल
आजकल ये सरचढ़ी नकचढ़ी लड़कियाँ लगातार करती रहती हैं काम
नहीं करतीं आराम
बोलती हैं धीरे
कहती ही नहीं, सुनती हैं ऊँची आवाज़
कभी फ़ोन पर कहती पाई जाती हैं किसी दोस्त को
यार हम लोग भी बहुत किये मनमानी
कितने बदमाश थे जी हम लोग
अब देखो सीधे पल्ले के साथ उलटे कामों की याद-भर है
बदमाशियों का सीजन हमेशा के लिए ऑफ़ है मेरी दोस्त
उसी आँगन में जाएँगे एक और बार
मुँह लड़ाने
बात बढ़ाने
ना कहने
और बहुत सारा ना कहने
दिल पर बहुत सारे 'हाँ' का बोझ है...

होना तो ये भी चाहिए था

होना तो ये भी चाहिए था
हम इतने प्यार में कभी नहीं पड़े कि उलटी किताबें पढ़ते पकड़े गए हों
न इतने प्यार में कि सारा-सारा दिन भूखे खटिया पर पड़े गीत गाते सपने देखते रहे हों
सिनेमाहाल की कॉर्नर सीट वाला चरस भी नहीं अनुभव किया
हमारी टेबल के नीचे बार-बार लिखे ख़त भी नहीं फेंके मिले
प्यार सोचते ही संस्कार की ज़ंजीर में कस जाते
दो फूल जो पप्पियाँ देते हमें वो भी समझने में ज़माना लगा
हम जब प्यार में ही नहीं पड़े तो विरह में क्या पड़ते
रसोई के किसी धारदार चाक़ू ने हमारी कलाई को नहीं रँगा
चाक़ू से भतुआ तक न काटने वाले हम अपने भाई पिता बेटे को महफ़ूज़ रखते रहे
प्यार होना चाहिए था
अब किसी कसक-सी उठती है हूक
आख़िर क्या मुँह लेकर मरूँगी
मुहब्बत से भरी इस दुनिया में कोई रसिया न हुआ ऐसा जिसकी आँखें मुझे देखने को बेचैन होतीं
कोई न हुआ जो साधारण ही सही मेरे रंग-रूप संग किसी शाम के वादे कर लेता
बारिशों में कोई न तरसा मुझ संग भीग जाने को
कैसी चुपचाप चली जाऊँगी भला इस जीवन से

आख़िर ऊँचे पहाड़ों से टकराकर आनी तो चाहिए थी मेरे नाम वाली पुकार
कि मैं तुमसे बहुत प्यार करता हूँ
इस एक साधारण-सी लाइन को लिखा जाना था मेरे लिए
गूँजना था इसे भी आठों दिशाओं में
गुलाब की पंखुरियों जैसे गुलाबी अधर पर ठहराना तो ज़रूर चाहिए था
एक ओस-सा चुम्बन...

छोटी बहुएँ

जब बाहर बैठक में गर्मी होती
घर के अन्दर औरतें हाथ पंखे दुरुस्त करती थीं
जल्दी-जल्दी बड़ी सुई से बेना के किनारे पर रंगीन कपड़ा लगातीं
इससे बेना की उम्र ज़रा बढ़ जाती

हर तरह के हाथ से बने सुन्दर पंखे पुरुषों के चौकियों और दीवान पर मिलते
पंखे की नजाकत और रंगीन काम देख पुरुष ख़ुश होते और कहते
बड़ी गुणी है बड़की
औरत गुणी हो तो आने वाली औरतें भी घरों के तौर-तरीक़े सीख लेती हैं

एक दिन उसी घर में एक शहरी बहू आई
कुछ दिन की चाकरी के बाद उसने अपने हिस्से का समय माँगा
घर के स्त्री कक्षों के लिए भी होना चाहिए हाथ पंखा
जलती रहनी चाहिए लालटेन घर के आँगन में भी
निखहरी खटिया पर सोने से मना कर दिया उसने
खाने में दाल की कटोरी भरी होनी चाहिए उसकी भी

भली औरतें दाँत से उँगली दबा बैठीं
अरे घर के भीतर कैसे भी बिता लो जीवन
औरत का काम होता है
आराम बाहर वाले करते हैं
वे हैं तो छत है
वही हमारे मालिक
उनसे कैसी रार

छोटे शहर की बहू की बातें बाहर गईं और वायरल हो गईं
पुरुषों ने इसे अपनी बड़ी ग़लती माना
ऐसी लड़की ब्याहनी नहीं थी
पर ऐसी ही लड़कियों ने बड़ी उमर की औरतों को ज़रा-ज़रा से ख़्वाब दिखाए
उनकी थाली के खाने रूखे-सूखे नहीं रहने दिये
उन्हें भी हाथ पंखे की उतनी ही ज़रूरत है जितनी बाहरी बैठकों को
चूल्हे को पंखे से हवा करती घर में खप गई चाची को उलटे पल्ले की
साड़ी पहनाने वाली

यही बहुएँ थीं
जिन्होंने देर से सही
इनके हिस्से के चाँद-सूरज को तकिये पर नहीं
इनकी आँखों में उगने दिया

इसी शहरी बहू ने तमाम रोज़ छत पर उतान लेट
चाँद और चाँदनी को गले लगाने का रोमांस इनके हिस्से किया
हाथ पंखे के किनारों पर तिकोनी पट्टियों-सी लटकीं उन घरों की औरतों ने
बिन मौसम पैरों में रंग भरे
देर तक खुले में नहाती रहीं
बाल खोले और बादलों पर सवार परियाँ बन गईं

आनी ही चाहिए ऐसी छोटी बहुएँ
जो हाथ पंखे से अपना हिस्सा माँगना शुरू करती हैं...

अम्मा का जन्मदिन

दिमाग़ पर ज़ोर देने पर भी याद नहीं आता कि अम्मा का कोई जन्मदिन मना होगा
जबकि जन्म का कोई न कोई दिन तो ज़रूर होगा उनका भी
ऐसी कितनी ही अम्मा लोगों को घर के तमाम बच्चों के जन्मदिन याद रहे हमेशा
अम्मा का होना और फिर नहीं होना धरती पर कभी कोई घटना नहीं हुई
सब कीड़े-मकोड़े हैं
पैदा होंगे, मरेंगे
ऐसा ही होगा
अम्मा अच्छी साड़ियाँ हमेशा दूसरों के लिए रख देती थीं सेंत कर
कुछ साड़ी तो ऐसी भी पहन लेतीं अम्मा कि नीचे का हिस्सा घिस जाए
तो दोपहर में बैठ उस पर लगे फाल को नीचे से निकालकर ऊपर लगा लेती
साड़ी और पहनने लायक़ हो जाती
हाथ में बचे पैसे को हमारे लिए ही बचाती रही थी अम्मा

ख़ुद नहीं बची
अलमारी में नई साड़ियाँ
अख़बार के नीचे छुपाए पैसे मिले
जन्म से मरण तक के सफ़र के बीच हमें प्यार चाहिए था, पैसा चाहिए था, बिस्कुट और केक चाहिए था
पर अम्मा को क्या चाहिए था

इस धरती पर आज की तारीख़ में कोई नहीं ऐसा जो बता दे कि उनकी चाहत ये थी या वो

हमारी स्मृतियों में अम्मा रसोई में थी
स्वेटर बनाती थी
मशीन पर सबके पैजामे सिलती थी
हमारे लिए कपड़े लेने बाहर जाती थी
पिता से ज़्यादा पैसे की झिकझिक करती थी और सारे नये सामान को सेंत कर थी

उम्र के एक मोड़ पर जब अम्मा थकने लगीं तब उदास हुईं
निर्भरता बढ़ी
हाथ खोल कर देने वाली अन्नपूर्णा हाथ फैला कर आग्रह करने लगी
अम्मा आपका जन्मदिन कब है?
जिसके जन्म की राह देखते हैं लोग जन्मदिन उसका होता है पागल
वह कहती
अम्मा की तरह बहुत सारे लोगों के जन्म का इन्तज़ार नहीं किया गया
पर उन सबने धरती को अपनी चाहतों से हरा-भरा रखा
पौधों को प्यार किया
आग की हमजोली रहीं
मिट्टी को घोलती रहीं
और मिट्टी की हो गईं एक दिन
जन्मदिन आया ही नहीं कभी
एक दिन बस ख़याल आया...

पहचान

सबने पूछा मेरा नाम
मैंने तुम्हारी ओर देखा
फिर पता
पहचान
जात धर्म
जो तुम्हारा था वो मेरा हो गया
इस तरह मैं तुम्हारी जीवनसंगिनी
तुम्हारी पहचान के साथ
एक काग़ज़ में दर्ज हो गई...

एक दिन वह बदल जाता है

मेरी नाराज़गी से उसे कोई फ़र्क़ नहीं पड़ता
मेरे रोने को उसने मेरी कमज़ोरी मान लिया है
मेरे दुखी होने को मेरी आदत
मेरी कविताओं पर नज़र नहीं पड़ती उसकी
मेरे पसन्दीदा गीत उसे ज़रा भी पसन्द नहीं
मैं जैसी भी लग रही हूँ, उसकी आँख में कभी सुन्दर तस्वीर नहीं बनती मेरी
वो किस बात पर ख़ुश होगा मेरे लिए समझ पाना मुश्किल है
मैं सामने रहूँ ना रहूँ उसे फ़र्क़ नहीं पड़ता
मोच खा गए मेरे पैर तक उसका हाथ कभी नहीं गया
मैं उसे ख़ुश रखने की बड़ी कोशिश करती हूँ
मैं चाहती हूँ वो मुझे देखे वैसे प्यार की नज़र से
जैसे वो उकताया हुआ प्रेमी हो
मैं ज़िद्दी प्रेमिका-सी, फिर से सब पहले जैसा हो जाए की चाहत वाली
वो बदल गया सा है
मैं उसकी एक नज़र की मुंतज़िर
वो मुझे देख तो ले आँख-भर
मैंने वही पुरानी फ़िरोजी साड़ी पहनी है
क्या वो पुरानी तारीख़ें पहनकर मुझ तक नहीं लौट सकता?

सुकेश जी

हम आसपास रहते थे
उसकी गृहस्थी में बड़ी अजीब शान्ति थी
वो कभी बाहर नहीं जाती थी
जब भी दिखती पति के साथ
उनके घर भी वही जाते जिन्हें पति का अप्रूवल मिला होता

एक रोज़ हम हॉस्पिटल में मिले
बच्चों को वैक्सीन दिलवाने
वो बोली, आप बहुत सुन्दर-सुन्दर कपड़े पहनती हैं
मेरी बेडरूम की खिड़की से दिखता है
आपके बाल कितने लम्बे हैं
खोलकर रखती हैं
घर में कोई कुछ कहता नहीं?

घर में मेरे बालों को लेकर कोई क्यूँ कहेगा
ऐसी दो-तीन मुलाक़ातों में वो खुलने लगी
कहती, सुकेश जी (उसके पति)
सुबह का खाना रात का खाना क्या बनाना है पहले ही तय कर देते हैं
भाजी भी वही लाते
पूजा तो सुबह-सुबह करनी ही होती भगवान की वरना सुकेश जी गुस्सा
हो जाते हैं

और पता है, मेरी मैक्सी, बाहर की साड़ी सब उनकी पसन्द की हैं
बिन्दी यही छोटी गोल लाल
बाहर का तो हम कुछ खाते नहीं
पति को पसन्द नहीं

पर तुम्हें क्या पसन्द है?
कभी सोचा ही नहीं
यार कपड़े और बिन्दी तो तुम लगाती हो
कभी ख़ुद पसन्द करो
तुमसे कम डिजर्विंग पति तुम्हारे हर टैलेंट पर तेज़ाब डाले दे रहा है
काहे का सुकेश जी सुकेश जी
घरों के अन्दर एक पूरा हिटलर शासन चलता है
औरत किसी चक्की से गोल-गोल घूमती तेल निकालती है
पति की पसन्द की बिन्दी तुम्हारे पति का उसका प्यार नहीं है
यह तुम्हारी अपनी पसन्द का ख़त्म हो जाना है
लोगों से नहीं मिलना-जुलना उसका कॉम्प्लेक्स है
वो शर्मिन्दा होगा अगर लोगों को पता चलेगा कि एल्फिन्स्टन कॉलेज की
गोल्ड मेडलिस्ट हो तुम
दो गाउन फटने के बाद ही दूसरा ख़रीदा जाएगा
गणपति में वही हरी साड़ी
गहने भी वही जो वो बोले

बड़ी बारीक रेखा है मेरी दोस्त
पति का कहना मानना प्यार है या तुम्हारी पसन्द को आग लगाना
समझते देर लग जाती है
तब तक कोल्हू की बैल बनी आँख बन्द और देह तुड़वाती रहती हो
गृहस्थी में कितनी औरतें होम हो गईं
बोली भी नहीं
गोभी के सीजन में जंगली घास सिझाती रही
कि इससे सेहत सही रहती है

एक आलू की रसदार तरकारी नहीं बना पाई
ना गोभी का पराँठा
क्योंकि सुकेश जी को नहीं पसन्द

असल बात ये
कि सुकेश जी जैसे लोग जानते हैं
औरत बहुत क़ाबिल है
बाहर की दुनिया देखेगी
लोगों से मिलेगी
तो सवाल पूछेगी
अपनी राय बनाएगी
अपनी पसन्द की बात करेगी
मुश्किल हो जाएगा उसकी नाक में नकेल डालना
छुट्टा औरतें घर की बरबादी करती हैं
उन्हें वहीं रखो
जूते की ठोकर पर
मर्द बनो
साल में दो सौ के दो नये गाउन लाकर दो
उसी में उसकी देह गोल-गोल घूमती मेथी-पालक साफ़ करती रहे...

छोटे घरों की लड़कियाँ

हम अच्छे घर ब्याहे गए
हमारे अच्छे घर की चादरें ड्राई क्लीन होती हैं
इतनी ज़्यादा साफ़ कि अपने मटमैले पैर लिये उन पर जाने में लाज आती है
मेरे अपने घर के लोग हज़ार घरों में ये बात कहते नहीं थकते कि कितने
बड़े घर ब्याह हुआ मेरा
मेरा बड़ा घर हमेशा छोटी सोच का रहा
चादरें तो फिर भी साफ़ हो जाती हैं
मन का क्या?

मेरे बड़े घरवालों ने मेरे घरवालों को हमेशा छोटा समझा
उन्हें हमेशा लगा, छोटे घर की लड़की ज़रूर चोरी-छिपे पैसा अपने
माँ-बाप को देती होगी
बड़े घर के लोग हमेशा नज़र रखते कि छोटे घर से आई लड़की
पैसा देख बहक तो नहीं जाएगी
उन्हें मेरे छोटे घरवालों की बुद्धि पर ज़रा भी भरोसा नहीं था
वो कभी नहीं चाहते कि मैं कभी लौट कर उनके पास जाऊँ
मेरे बड़े घरवालों के दिल में कोई कहानी पैठी थी
कि छोटे घर की लड़की शहर और पैसा देख अपने सीधे-सादे पति का
क़त्ल भी कर सकती है

लड़की तो कोई मनोहर कहानी पढ़ कर नहीं आई थी
पोस्ट ऑफ़िस में चिट्ठी डालने जाती
तो उनको शक रहा कि कहीं भरी दोपहर मायके भाइयों को पैसा ट्रांसफ़र
तो नहीं कर रही
पर लड़की राखी भेजने गई थी
चिट्ठी में लिखा था
—यहाँ सब ठीक है लेकिन कुछ अपना नहीं लगता
—अम्मा से बोलना तीज में बुला लें

कम उम्र लड़कियाँ मिट्टी की थीं
उन्हें शहरी चकमक का होते बहुत समय लगा
वो बड़े घर के शक और ग़लतफ़हमियों के बीच धीरे-धीरे अपना घर
सँभाल रही थी
ऐसे कई बड़े घरों में बेटियों से मिलने आए माँ-बाप तक पर शक किया गया
कहीं उनके बैग में अपनी सम्पत्ति ही भरकर ना दे दे बेटी
बेटियों के ऐसे सीधे माँ-बाप के बैग चेक किये गए
ऐसे हज़ार तरह की चीज़ों को सहती लड़की परिवार सँभालती रही
कोई यार नहीं बनाया
पैसे का हिसाब ठीक रहा
लड़की के माँ-बाप कभी नहीं आए फिर
इस पूरी धरती पर लड़की अकेली अपने होने और नहीं होने के बीच
अनन्त चक्कर काट रही है
छोटे घर से बड़े घर भेजी लड़की एक महँगे फ़र्नीचर की तरह
हमेशा ड्राईक्लीन की हुई चादर से ढकी रही
दुनिया के पैर मैले थे
किसी ने आकर नहीं देखा कि लड़की साँस ले रही है या नहीं...

प्रेमिकाएँ-1

उन्हें संस्कारी प्रेमिकाएँ नहीं चाहिए

बिंदास होनी चाहिए
मस्त बोलती हुई लहराती हुई
नजाकत करती नफ़ासत दिखाती
घर जाने की जल्दी तो उनमें क़तई नहीं होनी चाहिए

प्रेमिकाओं को लेकर चौकन्ने रहते हैं ये पुरुष
बाज़ार में कौन-सी दुकान हॉट कपड़े बेचती इन्हें पता होता है
जबकि उन्हीं दुकानों से नज़र नीचे किये गालियाँ देते ये गुज़र जाते हैं
आख़िर कैसे बेशर्म औरतें ऐसा पहनती हैं

पत्नी साधारण बरसों से चले आ रहे ब्रांड को रिपीट किये जा रही
आख़िर इनर वियर का क्या ही काम जो पैसे ख़र्च किये जाए ऐसा सुनती आ रही

तो पारदर्शी दुकानों से प्रेमिकाएँ वही रंग उठा रहीं जिसमें देखने की तमन्ना लिये प्रेमी बैठा है
पिछली मुलाक़ात से तुनका है
अरे यार सेट वाला पहनना था ना

तुम नहीं समझोगी तुम्हें ऐसे-वैसे कपड़ों में देखना चाहता हूँ
इतना सा मन नहीं रख सकती

प्रेमिकाएँ मन रख रहीं
ये जानतीं नहीं ये फरेब में हैं
कौन बीमार दिवस रात्रि देह से जुड़ी बातें करता है भला

सुनो ना
वो पीछे एक नॉट वाला ब्लाउज़ बनवा लो
साड़ी इतनी नीची पहनें कि कमर के बल दिखें
तुम्हारे पेट के समतल पर सर ही पटक कर जान दे दूँ किसी रोज़
तुम्हारे पैर के गुलाबी तलवे को चूमना किसी पंखुरी से नाजुक अहसास है प्रिय

घर की औरत का ज़िक्र आते इनके मन मलिन हो जाते हैं

अरे क्या है
बस झेल रहा हूँ
सत्तर तरह के व्रत
दस तरह की रोक-टोक
फ़रमाइश भी वही
पूजा के फूल अगरबत्ती
वही साड़ी और मैक्सी की बोरिंग कॉम्बिनेशन

प्यार में पागल होने की बजाय
इनसे पूछना मेरी दोस्त
क्या कभी ऐसी दुकानों का पता पत्नियों से शेयर किया जहाँ पारदर्शी कपड़े मिलते हैं
कभी इन्हें कहा के बड़े गले का ब्लाउज़ क्यूँ नहीं पहनती
कभी इनके कमर के बल पर अपने उद्दीप्त होंठ धरे
कभी इन्हें भोर की बेला में अलसाई बाँहों में भरा

नहीं किया
ये दो दुनिया का मज़ा लेते हुए जीना चाहते हैं
एक जो संस्कार से भरी इनका घर चलाए
इनके हुकुम सुने
इन्हें हर बला से बचाए

दूसरी तुम देह भर मेरी जान
ये आठों पहर देह पर कीड़े की तरह रेंगती इनकी नज़र को पहचानो
ये तुमसे प्यार नहीं कर रहे
ये अपनी फ़ैंटेसी जी रहे
इन्हें बीमार समझो
कमर के बल ब्लाउज़ की अकेली डोरी को खींच तुम्हें निर्वस्त्र करने की
कल्पना से भरा आदमी बीमार होता है

ये पारदर्शी कपड़े
ये इनके आह उफ़ में
एक जाल की मानिंद तड़प के रह जाओगी

इनका मन भरते ये वहीं लौटेंगे
अपनी आठों पहर पूजा करने वाली औरत के पास

तुम बस इनके ख़ाली और बीमार समय की शिकार भर हो...

प्रेमिकाएँ-2

अगर वो आपको अपने साथ चाय तक पीने का मौक़ा दें तो आप अपनी
गालियाँ उसी दम गड्ढे में डाल उसके साथ हो जाएँगे

आप वही हैं जो उसके बोल्डनेस के क़िस्से सुनाते वक़्त अपने दारू
साथियों को उसे वेश्या है साली का तमगा दे जाएँगे
आपके साथ सम्बन्ध में जो वही वेश्या रहे
तो आप सात पुस्तों तक चुप उसके तलवे चाट सकते हैं

आपके विरोध में उह भी कह दे तो आप उसकी देह के उतार-चढ़ाव पर
अपनी गंदी गालियाँ मल जाएँगे
वो बाज़ार बने तो बिक जाएगी
आप ही बोली लगाएँगे

मुझ पर अपना प्यार लुटाने वाले तुम
कितनी चालाकी से बताते रहे कि बेटी बड़ी है मेरी
बीबी मासूम
तीन महीने में एक साड़ी भर दे देने से ख़ुश हो जाती है
बेटी के साथ कॉफ़ी पीते एक आदर्शवादी पिता की तरह तुम उसे संयत
समझदारी से जीने की सलाह मशविरा देते हो
और एक प्रेमिका के सामने तुम कितने हिंसक और अपनी सारी चाहतों
को पूरा करने की ज़िद वाले मर्द बन जाते हो

तुम्हीं ने मुझे समझा दिया एक रोज़
अरे यार ज़िन्दगी तुम्हारी है
जैसे चाहो जिओ
और तुम्हीं ने लगाई है पत्नी पर लगाम
कि जितना बोलूँ उतना जीना बाक़ी की अय्याशी होती है मेरे घर मत करना

एक सती सावित्री हो
बीमार हाल तुम्हारा ताप देख पट्टियाँ बदले
पर फ़ोन की प्रेमिका तो बस सारे ताप हर ले तुम्हारा

जिस दिन ये मूर्ख प्रेमिकाएँ तुम्हारे चेहरे के दो नक़्शे देखकर समझ जाएँ
कि तुम्हारी एक ना से ये आदमी तुम्हें हर वक़्त का दुश्मन बना लेगा

तुम इसकी हर मक्कारी पर ना ही कहना
एक साड़ी पर चार महीने बीबी का मुँह बन्द करने वाले मर्द
अपना मुँह तब तक ही बन्द रखेंगे जब तक तुम उनकी सुनोगी

डरो मत डट कर ना कहो
आने दो तुम्हारा नाम चर्चा में
अब समझदार जानते हैं
कि विष बोलने वाले इस बिचारे आदमी ने किसी स्वाभिमानी औरत की
ना सुनी है...

प्रेमिकाएँ-3

जब तुम उस स्त्री को प्यार करना जो पहले प्रेम में छली गई थी तो
पहले ये जान लेना ये देह एक यातना घर होगा

ये समझ लेना कि बरसों से बारिश से नहीं भीगी होगी उसकी देह
न उठती होगी कोई महक लोबान की
कि तुम अकुलाहट से बेसब्र कहीं से उतार दो उसके कपड़े

तुम समझना कि उसने काली दीवारों के पार कितने ही वक़्त को काटा होगा
उसके हिस्से की सुबहें
उसकी शामों का सूरज उसकी नाभि के गड्ढे में गुम हुआ पड़ा है

क्या तुम एहतियात बरत सकते हो
उसे प्यार करने का?
अगर ना तो मुड़ जाओ किसी रास्ते

अगर हाँ
तो अपनी हथेलियों को दूब से धोकर उनकी कोमलता और रंग लाना
अपने कन्धे को सतर सीधा रखना कि वो उसकी ओट से देख सके आँख
भर उजाला
अपनी आँख में भर लेना तमाम नदियों के जल
कि उसकी कहानी को सुनने का कलेजा रखना

अपनी छाती में किसी पिता की तरह सुकून वाली धड़कनें उतार लेना
कि वो सुन सके इंसान को और कर सके यक़ीन
प्रेम में छली औरत को प्यार करना
आग से जले को फिर आग के सम्मुख रखना है

उसे भरोसे की कहानी मत सुनाना
उसकी सुनना
उसकी हाथ की तपिश में आज भी गर्म है कोई आँच

किसी ने उन हथेलियों से होंठ लगा अपनी प्यास बुझाई थी
किसी ने उसके सिरहाने गुलाबी पंखुरियाँ बिछाई थीं
किसी रात के प्रेमी ने देह की सभी हदें तोड़ते उसके गाल चूमे थे
कान की लौ पर दाँत धँसाते किसी ने कहा था
तुम दुनिया की सबसे ख़ूबसूरत औरत हो
पर दुनिया और भी ख़ूबसूरत औरतों से भरी है
उसकी लस्त देह से उस प्रेमी ने खींच ली थी अपनी शर्ट

उसके बाद और उसके भी बाद उस विक्षिप्त प्रेमिका ने न जाने कितने
गरम झरनों में नहा कर साफ़ की अपनी देह
अपनी आँखों को अन्तहीन गड्ढों के सुपुर्द कर दिया
अपनी कलाई पर फेरती रही कोई धारदार चाक़ू

पुरानी कहानी में बेतरह छली गई प्रेमिकाएँ गीली लकड़ी की तरह होती हैं...

बड़ी बहनें

भाई को हमेशा याद आईं बहनें जब उनका प्रमोशन हुआ
वो कहते बहनें डाकिया थीं ज़रा-सा पास होने की ख़बर को भी हथेली
पर लिये पूरे मुहल्ले में बाँट देतीं

ये याद आई जब भाइयों की बेटी बड़ी होने लगी
जब लम्बे बाल की चोटी बना वो खेलती
ये तुरन्त पुराने एलबम की बचपन की फ़ोटो से उनका चेहरा मिला कहते
एकदम बुआ की तरह है बेटी
ज़िद्दी नकचढ़ी
ये अफ़सोसते के बहनों की ज़िद्द को नहीं पोस सके
न रख ही पाए उनकी पसन्द का हिसाब

इनकी छातियाँ मरोड़ से भर जातीं जब बात करतीं बहनों की आवाज़
बुझी हो
ये संकोच से भरे रहे नहीं ही पूछ पाए कभी बहन के दाम्पत्य की बात
साथ रहना ही सुख है
इसी फ़ॉर्मूले पर बहनें साथ निभाती रहीं

दनदना कर सीढ़ी चढ़ने वाली बहन जब आँगन से ही ऊपर की मंज़िल
देख मुस्कराती
आशीषती, न चढ़ पाने की तकलीफ़ बताती

दीदी इतना जल्दी बुढ़ा गई हो कहते वो जानते
कि उम्र नहीं ज़िन्दगी से दो चार करतीं बहनें समय से पहले उम्र से हार गई हैं

तेज़ थपेड़ों में बहनों को लू लग जाती
तलवे में कच्चा आम मल देते भाई
माथे पर उतारते बर्फ़ की पट्टी
हिदायतें देते
बस पड़ी रहो आराम से इधर
हम लोग को भी सेवा करने दो ज़रा

तुम लोग इतनी ज़िद्दी कैसे हो
सबके लिए करती मरती रहती
ख़ुद की न कहती

आ जाओ
भाभियों पर हक़ जताने
बैठ कर खिंचाई करें इनकी
ख़ूब खाना बनवाएँ इनसे

कैसी रूठ गई हो
लिफ़ाफ़े से राखी निकालते हूक उठती है
कोई बेसुरा गीत ही सुना दो

चक्की चलातीं बहनें नूतन हुई जा रहीं
अबकी बरस भेज की पुकार में शामिल...

बहनें-1

ये हर देश दिशा से होकर गुज़र रही हैं
ये क़स्बे-क़स्बे, गाँव-गाँव बहनों को आवाज़ लगा रही हैं
ये हर छोटे स्टेशन से हाथ पकड़ थकी बहनों को आहिस्ता से चढ़ा रही हैं
गाड़ी में सवार है पूरी धरती
एक पूरा सौरमंडल
चमकते तारों का आकाश जैसे उलटा सवार हो गया हो

गीतों से मिट्टी की महक उठ रही है
उछाह से ऐसे भरी जैसे लहलहाती धान की फ़सल हो
झूमती हुईं
ये सब बहनापा निभा रही हैं

किसी ने किसी के उलझे बाल सुलझा एक जूड़ा बना दिया
एक ने रंग की शीशी खोली और सबके पैर रँग दिये
उदास आँखों को काजल लगा रही हैं
बहन की साड़ी की बेतरतीब प्लीट बना रही हैं

भाइयों के लिए उनकी पसन्द का अचार है, मीठी पूड़ी है, भरवा मसाला है
और जतन से रखे पैसों से ख़रीदा आसमानी कुर्ता है

ये बहुत साल बाद राखी बाँधने जा रही हैं
ये जा रहीं ख़ूब शिकायतें करने
ये जा रहीं भाभी से लड़ने
ये पिता से रूठ ही जाएँगी अबकी
ये भतीजे को गले से लगा ख़ूब रोएँगी
ये भतीजियों की हथेली पर बताशे रख निहाल हो याद करवाएँगी
कि क्या याद नहीं आई कभी छोटी बुआ?
क्यों नहीं ज़िद करके बुलवा लिया?

सावन में भीगती पटरी पर भाग रही गाड़ी
खिड़की से बौछार आ रही है
पेड़ों से टूट रहे पत्ते हाथ हिला रहे हैं
नदियाँ बल खाकर अशीष रही हैं

इस वक़्त छाती की गाँठ दब गई है
कमर के नीचे कोई दर्द नहीं है
पैर की उँगलियों में जमा पानी नहीं सड़ रहा
न फटी बिवाइयों में कसक है
न अधूरी नींद की बेचैनी है

झूले की ऊँची पेंग पर सवार है सपना
दरवाज़ों पर इन्तज़ार है
सावन की गाड़ी में सवार हैं भाइयों से झगड़ा करने वाली बहनें
गाड़ियों को याद हैं सबके पते

ये बरसों से लापता बहनों को उनकी छूटी देहरी तक पहुँचाएगी
वे बरसों से छूटे आँगन में हरसिंगार-सी बिछ जाएँगी
नये रंग की दीवारों को सहलाएँगी
भाभी में अम्मा खोजेंगी

खाने की भरी थाली को देख भर जाएँगी
जैसे नमक का स्वाद ही भूल गई थीं

चमकती पटरी पर भाग रही है गाड़ी
नींद उड़ी है
बारिश से भीगे रिश्तों से प्यार बाँहें खोल आवाज़ लगा रहा है

लड़कियाँ बौराई-सी नैहर जा रही हैं...

बहनें-2

थोड़ा-सा बादल थोड़ा-सा पानी और इक कहानी

वो झुंड में थीं
तमाम ममेरी फुफेरी चचेरी बहनें
जब-तब किसी शादी-ब्याह किसी जनेऊ में सब मिलतीं
सबकी अपनी-अपनी जोड़ी
सब जोड़ियों की अपनी-अपनी बातें
मुझे नहीं याद इन सारी बहनों ने मिलकर कभी पढ़ाई-लिखाई की बात की हो
जीवन में कुछ बनने के सपने के बारे में हुई हो बात
तब रेशमी धागे से भरे होते इनके डब्बे
ये तमाम फूलों को जस का तस मलमल के कपड़ों पर उतार सकती थीं
ये साथ होतीं तो लूट लिये जाते बग़ीचे के सभी टिकोरे
सुरुक ली जाती मेहँदी की डाली
खेत में झुंड भर तितली की तरह ये मँडराती
कोई गीत सीखतीं
कोई साड़ी बाँधना
कोई दाल-पूड़ी को पतला और बड़ा बनाकर ख़ुश होती

और ये सब ख़ुश होतीं तो
छोटी बहन का साज-सिंगार कर देतीं
कोई झूले की चोटी बना देता
कोई गाल पकड़ लगा देता काजल

कोई गाल की पप्पी ले लेता
कोई भर देता छोटे फ्रॉक के घेरे में जामुन बेर

ये तब के बचपन वाले दिन थे

फिर बहनें बारी-बारी से एक-दूसरे को विदा करने लगीं
झुंड कम होता गया
चिट्ठियाँ आती रहीं
कोई ख़ूब लम्बी हुई
किसी का रंग दबा ही रह गया
झुंड बिखर गया तो दुख अकेले काटने पड़े
बातें करने को कोई न बचा
सबने एक-दूसरे की शादी में अपनी ब्याह वाली बनारसी साड़ी पहनी
कोई बच्चों वाली थी कोई पेट से
सबने ब्याही जाने वाली की विदाई में आँसू बहाए

सब ब्याही गईं
सबने अपना घर सँभाला
सब कम-बेसी ख़ुश और दुखी रहीं
सबकी ख़बर मिलते रहने वाले दिन थे
फिर ख़बरों वाले दिन भी थे
गाँव-शहर-क़स्बों में बिखरी बहनों को फिर कोई कार-परोजन साथ न
ला पाया
क़िस्मत और भाग्य का जीते हुए सबका जीवन चल रहा है

कि अचानक किसी शादी में मोरपंखी नीले सूट वाली बहन के नहीं होने
की ख़बर आती है
अब झुंड की तितलियाँ अपना-अपना रंग छोड़ दूर देश की हो रहीं
फिर ये कैसा दुख मन को खा रहा है
कि तमाम चाहतों से भरा जीवन बाजरे की रोटी के रंग की तरह धूसर
रह गया

एक अच्छी ज़िन्दगी सुन्दर घर आरामकुर्सी पर नॉवेल पढ़ना
पति के साथ फ़िल्म का पहला शो देखना
साड़ी के तमाम रंगों को उतार लेना अपनी देह पर
मायके से बनाए रखना सम्बन्ध

ये बड़े-बड़े घरों में ज़्यादा-ज़्यादा दहेज देकर ब्याही गई बहनें
प्यार को तरसीं
कभी किसी ने ध्यान नहीं दिया
पैंतीस साल का जीवन और एक कमबख़्त कमज़ोर देह की चौंसठ बीमारियाँ
ये मरीं तो इनके उस मोरपंखी नीले सलवार कुर्ते से लिपट
नाचने की चाहना लिये कोई एक मोर मर गया

बहुत तेज़ है बारिश
कोई पंछी नहीं पहुँचा घोंसले तक
कोई कातर आवाज़ बेचैन किये है
बारी-बारी से छूट रहे बहनों के हाथ
छोटे फ्रॉक में पड़े जामुन के रंग-सा दिल
बड़ी शिद्दत से उन्हें आवाज़ लगा रहा है...

बहनें-3

अव्वल तो वो आती ही नहीं थी ज़्यादा
पर जब भी आई, मायका डरा रहा
भाई-भावज समझ ही न पाए क्या करने से ख़ुश रहेगी बहन
घर का सबसे बड़ा बिस्तर उन्हें दिया गया
डर-डर कर पूछा गया
नाश्ते-खाने में क्या बनाया जाए
भाभियाँ यूँ आगे-पीछे करती रहीं ज्यों नौकरानियाँ हों

उनके कपड़े इस तरह तहाए गए कि ज़मीन से लग मैले न हो जाएँ
महँगे कपड़े महँगे बैग महँगे चश्मे की धौंस रही
बच्चों को घूस देकर सिखाया गया कि हंगामा न करें बुआ को इतनी आवाज़ की आदत नहीं
बड़े घरों का भारी नेकलेस पहने ये पिता के सामने यूँ तनकर बैठीं कि पिता नज़र नीची कर लें
पश्मीने का शाल ओढ़ाती बोलीं
अरे पिताजी अब ये गांधी आश्रम का चद्दर छोड़िए
ये ओढ़िये
इनके दिये तोहफ़े इतने महँगे थे कि चुभते रहे

ये अतीत को इस तरह कपड़े से धूल-सा झाड़ चुकी थीं कि मैली न हो जाएँ
ये जब भी भरे आँगन भाई की नौकरी और पेमेंट के बारे में पूछतीं, कुछ दरक जाता

मेरी झुंड-भर चाचियाँ एक ऐसी रईस बुआ के आँगन में उतरते ही अपनी
हथेली बिछा देतीं
एक चाची लगातार झलती रहती पंखा जैसे हाथ किसी बटन से चल रहे हों
बबुनी-बबुनी करते नहीं थकतीं
पानी भरना पीठ में साबुन मलना
कपड़े हाथ में लिये घंटों खूँटी की तरह खड़े रहना

महलों में ब्याही बेटी जब भी कच्चे घर के नैहर उतरी
पलानी पर फैली लतर की तरह सब लिपट जाना चाहते थे
सब शबरी ये राम
पर इन्होंने जूठे को जूठा कहा कच्चे को कच्चा
गले यूँ लगी जैसे शिकायतें

गाँव की तमाम गलियाँ पगडंडी बाग़-बग़ीचा पलक-पावड़े बिछाए है
ये नहीं गईं मिलने
ये बस आईं औऱ गईं

ये जा रही हैं
सबसे मिलने आई थीं मिल लीं
विदाई का सामान लिये भाभी ऐसी डरी रहीं कि जैसे अगर पैकेट खुल
जाए तो नंगी न हो जाएँ
महावर लगाएँ या नहीं
माँग भरें या बस छुआ दें

ये आईं तो बेगानी सी लगीं
ये ऐसे बदल गई थीं जैसे इस घर की कभी रही ही नहीं
आँगन कितना भी खुलकर मिले इनका दम घुटता रहा

भाई कुछ न बोल कर भी कसक से भरा रहा
भाभियों को कहता रहा
अरे दीदी बहुत प्यार करती है
अब छुट्टी नहीं न वरना रुक जाती राखी तक

ये कहते उसके आँसू न रुक रहे
डेनिम की जीन्स ऐरो की शर्ट का भार न उठाया जा रहा
तुम कितनी बदल गई हो मेरी बहन
सावन में लौटी भी ऐसे कि सब सूखा रहा

हमारे घर की खिड़की तुम्हारे महलों की तरफ़ खुलती है
पुकार सुनो तो लौट आना जैसे लौट आती है बेटी
मोह-छोह से भरी
लौटोगी कभी वैसे
राखी तो आ रही है न...?

बहनें-4

वो बड़ी बहनें थीं
भाई संकोच में रहे हमेशा
कुछ छोटी थीं जिनसे होते रहे झगड़े
भाइयों ने आँगन में खड़े हो मनौतियाँ माँगी कि चुड़ैल जल्दी ब्याह कर जा तू

कुछ बहनें दूर-दराज़ के रिश्तों की रहीं
उनसे काम-भर होती रहीं बातें
बड़ी बहनें त्योहारों पर गुन-सहूर सिखातीं अम्मा बनी
ये किसी भी वक़्त भाइयों के खाने का ऑर्डर ले सकती थीं
ये कपड़े तहा कर रखतीं
बहनों को भाई हमेशा छोटा बच्चा ही लगा
इनसे परेशानियाँ छिपाई गईं

भाई तमाम कोशिशों के बाद अपने छोटे होने की खोल से बाहर न निकला
न हुई बात
इन भाइयों ने कम तो ज़रूर करनी चाहीं बहनों की दिक़्क़तें
पर ये छत पर कोने में रोती बहन से आँख ही नहीं मिला पाए
न लगा सके गले
न कभी आँसू पोंछ सके
जबकि ये उनकी गोद में कितनी बार सर धरे करवा चुके थे चम्पी

ढलती उम्र ज़रा से संकोच को परे सरका इन्होंने देखी बहनों की एड़ियों की दरारें
बालों का एकदम से कम हो जाना
कलाइयों पर इकट्ठी नन्ही लहरों-सी झुर्रियाँ
ये पहली बार पूछ पाए चश्मे का नम्बर
ये अपने बेगानेपन पर कितनी ही बार शर्मिन्दा हुए
'कि तुम मुझे कुछ नहीं बताई दी'
एक उम्र बाद ये बड़ी बहनों की साड़ी डोरियों पर सुखाते
उनके लिए ज़्यादा पत्ती वाली चाय बनाते
और देर रात अपनी पत्नी के सामने रोते कहकर
'कभी सोचा ही नहीं बहन को भी परेशानी होगी'

काश एक बार उसका पैर छूने के बजाय उसे ज़ोर से गले लगा सकता
उसे कह सकता
मुझे पता है बारिश में सिर्फ़ बारिशें नहीं होतीं
मुझे पता था
दो अबॉर्शन के बाद तुम्हारा हमारे यहाँ आना
तुम्हारा पीला चेहरा
हमें माफ़ करना
हम तुम्हारे आसपास ख़ूब
बेचैन घूमे
पर कुछ पूछ न सके

बुआ की कहानी भतीजों को सुनाने से पहले मेरे भाई, देखो,
तुम्हारी मनौती वाली चुड़ैल बहनें
किसी उदास अँधेरे की भेंट न चढ़ जाएँ
उन्हें अपने घर लाओ
साथ बिठा थाली में खिलाओ
पीठ पर मुहब्बत से हाथ फेरो
पुराने मुहल्ले का चक्कर लगवा दो

आँगन में फिर से खड़े होकर रुँधे गले से चीख़ो
चुड़ैल!!!!! जल्दी आ जाया कर
मुहल्ले के बच्चों को डराने के लिए ही सही

सावन हरे रंग का था
भादों की रात बादल और गहरा कर देते हैं आकाश
बन्दर के बच्चे की तरह सिर्फ़ अम्मा चिपका सकती थी?
भाई क्यों नहीं?

बहनें-5

एक दिन बड़ी बहन विदा हुई

हमारे घर का छप्पर उड़ गया जैसे
जैसे ख़ाली हो गए भोज के सभी बर्तन
जैसे पिता ने ज़मीन पकड़ ली
भरे घर में सन्नाटा भर गया

और छोटी बहन?
उसका कोई अस्तित्व नहीं था जैसे
महीनों से बन्ना-बन्नी गाती लड़की गूँगी हो गई थी
सुन-सुन दीदी तेरे लिए वाले गीत उसे चिढ़ाने लगे थे
उसे जैसे इस क्षण का पता था ही नहीं
उसे बराती, दूल्हा, जीजा, जीजा के भाई तक ही मज़ा करना था
विदाई तो नहीं देखनी थी

अम्बेसडर कार में बैठी बहन को किसी ओर दुनिया के लोग खींचे लिये
जा रहे थे
मुझे कार की खिड़की से घसीट कर हटाया जा रहा था

मैं जब तक जाग रही थी तब तक रोई फिर सो गई
कोई शाम या किसी सुबह जब मैं उठी
मैं ज़रा-सी बड़ी हो गई थी
अब मुझे टीन बजाकर नाचना-गाना नहीं था
मुझे आटे में पानी के अनुपात को समझना था

नमक के बराबर मात्रा का कोर्स करना था
बर्तनों से साँठ-गाँठ बैठानी थी

मेरी दुनिया एकदम से बड़ी हो गई थी
मैं बहुत छोटी

बाद दिनों बहन जब लौट कर आई
मुझे कलेजे से लगा
मेरी कमर में बँधा दुपट्टा उसने खोल दिया
छीन लिये काम जो मैंने अभी-अभी सीखे थे
उसने तुरन्त रसोईघर को वापस वैसे ही थाम लिया

मुझे क़िस्से सुनाने को बोली
मेरे पुराने गीत से मुझे गुदगुदाया
मेरे हाथ के हल्दी नमक साफ़ किये
कहा, नया कुछ सुनाओ न?

मैं उससे लिपट देर तक रोती रही
मैं सब भूल गई
मुझे काम अच्छे नहीं लगते
मुझे स्कूल पढ़ाई कुछ अच्छा नहीं लगता

उस रात एक खटिया पर सोई बहनें एक दूसरे को देखती रहीं
वो कोई ताक़त ईजाद कर लेना चाहती थीं
ताकि कभी कोई किसी को न करे अलग

हम बड़े होने लगे
कसने लगे दुपट्टा
एक और बार
किसी और अम्बेसडर कार के लिए
बड़ी बहन ज़रा-सी अम्मा होती है
मेरा सुन के अपना छुपा ले जाती सी...

बहनें-6

बहनों के ठाठ नहीं होते
उनके पास हर बैठकी में अधूरी छूट गईं बातें होती हैं

हम दो बहनों की बातचीत में तमाम ममेरी-चचेरी बहनें आ धमकती हैं
सब एक दूसरे को धसोरती अपनी जगह बना लेती हैं एक ही
छोटी-सी दरी पर
लोग कहते ये ऐसे मिलती हैं जैसे गोंद से चिपकी हों
एक थाली के भात वाले पहाड़ को ध्वस्त करतीं दाल के नन्हे तालाब
में घुल जाती हुईं
हँसी पर लगे तमाम पहरों के बाद भी ये मुँह में दुपट्टा ठूँसकर हँसती

गाँव की छतों पर ये परियों-सी चाँदनी में नहाती
बालों के बादलों को कन्धे चूमने देतीं
इनकी फुसफुसाहट में उपन्यास का कोई पात्र भेष बदलकर इनसे मिलने आता
इनकी कहानियाँ एक सी थीं
एक जो साटन के कपड़े के सपने देखती थी वो पहले ब्याही गई
जब जली साटन ने देह की रगों को चमोख लिया

सबसे लम्बे बालों वाली जो उपन्यास के नायक की बात करती थी
वो किसी क़स्बाई शहर में अपने नायक का इन्तज़ार पिछले पन्द्रह सालों
से कर रही है
जुड़वाँ बच्चे हैं उसके

बैंक वाले से ब्याही बहन ठीक है
घर में हर चीज़ जुट गई है लोन लेकर

हमारे नाटक की सबसे गोरी बहन जो अक्सर कोई देवी बनती थी
जिसकी हम आरती करते थे
उसका रंग अब वैसा नहीं रहा
आँगनबाड़ी में मेहनत करती है और अक्सर थकी-थकी रहती है

हम एक साथ जब भी मिले
सोचते रहे किसी घर के आठ भाइयों से ब्याह हो जाता हम सबका
सब साथ रहतीं

हम इतने एक से थे कि सबके कपड़े सबको आ जाते
सबकी चप्पल सबको आती
बालों की नक़्क़ाशी वाली चोटियाँ बना हम एक-सी आवाज़ में बातें करते
हम आज भी एक से सुख में मुस्कराते हैं
एक से दुख में रँगे हम एक-दूसरे को समझ जाते हैं

मझली के शहर में बाक़ियों के शहरों से ज़्यादा बारिश होती है
पर सबसे बड़ी बहन जानती है
छोटी ठीक इस बारिश में रोएगी
बच्चा बीमार हो तो कोई बहन नहीं सोएगी
दुखों की एक-सी बैठक है इनके आँगन में
मुस्कराहट मौसमी हो चली है

हम दो बहनों की बातों में उतर आती है किसी तीसरी बहन के नहीं होने की नमी
इनके नैहर की छत पर दुमहले बन गए

इनकी उस लाल दरी से ढकी है छत पर रखी सिंटेक्स की टंकी
अब ये दुपट्टा मुँह में ठूँस हँसती नहीं
बस बर्दाश्त करती हैं
दुपट्टे का छोर भीग जाता है...

बहनें-7

माँ-बाप को लड़कियाँ कभी दुख नहीं देना चाहतीं
बड़ी चोट लगी हो ज़िन्दगी से तब भी पर्दे नहीं उठाना चाहतीं
शादी में हुए ख़र्च के बाद लाखों कमाने वाले पति की लदबद चर्चा सुन
चुप रह जाती हैं

वो जो स्टूडियो की फ़ोटो में पति के साथ कन्धे से टिकी मुस्करा रही है
सुन्दर दाम्पत्य के प्रमाण की तरह
फ़ोटो से बाहर उसकी दुनिया की कल्पना करो कभी

बड़े भाई छोटे भाई मेरे!
माँ-बाप के दस डुबकी वाले गंगा-स्नान से बहन-बेटी से यूँ मुक्त मत
हो जाओ
वो जो रक्षाबन्धन पर मुस्कराती-सी तुम्हें पैंट शर्ट दे रही है
इस ख़र्च का हिसाब देना होता है इसे
कभी आराम से बैठ इनके हिसाब के बारे में भी सोच लो

अपनी ही बहन को पागल कह कर कब तक बचते रहोगे
इनके पागल हो जाने की ख़बर मिले तो आओ इनसे मिलने
ये जो झल्लाकर बोलते हो न
अरे इतने साल की शादी, इतनी शिकायत, तुम तो सुधर ही नहीं रही
एडजस्ट करो, बच्चे बड़े हो गए तुम्हारे

तो भाई सुनो
तुम मेरी इस उदास लम्बी यात्रा के किसी पड़ाव पर मेरे साथ नहीं थे
मर खप जाऊँ तो इस बहन के लिए कसीदे पढ़ते सोचना
ये बहनें बड़ी बार आती हैं बहुत कुछ कहने
तुम कान ही नहीं धरते

तुम्हें लगता है ये तुम्हारी ज़मीन हथिया लेंगी
तुम डरते हो कहीं बच्चा बैग टाँगे ये मायके में ही न जम जाएँ
बहनों के सच की कहानी बड़ी बदसूरत है
ये ज़िन्दा है कि बस इन्हें जान से नहीं मारा गया
तुम भी जब प्यार से बेदख़ल करते हो न
तब ये सच की दान दी बछिया हो जाती हैं
गालियाँ खातीं
रंडियों की क़तार में खड़ीं कि जिसका मायका न हुआ वो ससुराल में
क्या ही चरित्र दिखाएगी

ये घूरे पर पड़ी लड़कियाँ नहीं थीं
तुम्हारे ही घर से किसी और घर को आई हैं
अन्तिम कन्धा देने के पहले उन्हें रोने को कन्धा दो
हौसला दो

देख भाई, तुझे देख वह इतनी ख़ुश है कि पागल घी के अदहन में चावल
की खीर बनाने

बहनें-8

बड़े बरसों बाद मिली बहनें एक थाली में खाना खाती थीं
एक भात का पहाड़ बनाती
दूसरी दाल की नदी
तीसरी प्याज़ और अचार
और चौथी तमाम कहानी और मलंगई की बात

दाल न बचा हो तो भात के पहाड़ को नमक और तेल में धरासायी कर दिया जाता
प्याज़ लक्जरी

खाने की थाली को ज़्यादा स्वाद बनाने के ख़ातिर एक बहन जानती है
बचे परथन में प्याज़ हल्दी मिर्ची डाल कर कैसे तवे पर ही उतारी जाती है करारी पकौड़ी

एक थाली के गिर्द बैठी बहनें
अलग अलग शहर अलग-अलग ज़िला और गाँव हैं

तराई में रहने वाली जानती है कि ऐसा दुष्कर जाड़ा पड़ता है कि उभर ही आती है दरारें हाथों में एड़ियों में

तपते तापमान में कैसे दिन रात चूल्हे चौके का काम करते पीठ बड़ी बड़ी
घमौरियों से भर गया था

ये दुखों के साथ कोमल लेप भी रखती एक दूसरे के लिए
जैसे ठीक इस वक़्त ये अपनी बात बताती स्पर्श के सुख से सराबोर हैं

ये आँगन के चाँपा नल पर झुंड में बैठी नहाई
बरसों बाद एक दूसरे के पीठ पर साबुन लगाती गुदगुदी से भरी हैं
आँगन निहाल है
खपरैल पर भाग कर आती गिलहरी इन्हें देखती फिर भाग जाती
ये पानी के रंग रँगी जा रही है
चुहल करती पानी उछालती

ये रात को पहरे पर रख छत पर दरी बिछाती
एक में एक गुत्थम गूथ हैं
चाँदनी रात में एक दूसरे के कॉपी में लिख रही नया गीत
राग बता रही
कह रही ये लाइन तीन बार 3

जीवन दुहराती बहनें चित लेटी हैं
न जाने किस मोह से कोई हरा पत्ता उस छत पर डोलता सा इनकीं गोद
में आ गिरता है
जैसे इनकी बातों में अपनी भागीदारी जताता
ये पत्ते का मुख चूम उसे सहलाती हैं

जैसे छोटी बहन का
वो नहीं आ पाई इस बार भी हर बार की तरह

हर बार की तरह भात के किसी कौन में कोई कंकर सा आ जाता है
नमक और मिर्च ज़्यादा लगता है

ये देर तक मुँह धोने लगती हैं
देर तक आँगन छत की छातियाँ करकने लगती हैं

बड़ी देर से मिली बहनें बड़ी जल्दी चली जाती हैं...

बहनें-9

बहनें मिलती हैं तो तपते सूरज के दिन छाँव से उतरते हैं
ये एक दूसरे को अपने साये से महफ़ूज़ परछाइयों में रखती हैं

इनके मिलने के दिन कम आते हैं
कुछ बहनें जब भी ससुराल से लौटी
उदास छोटी बहन को अँकवार ले यही कहती रही
चिन्ता मत कर पागल तुझे भी मेरे तरफ़ ही व्याहूँगी
ममेरे ससुर का बेटा है मेरे
छोटी को सहारा मिल जा रहा

हर मुलाक़ात में इशारे से लजाते हुए छोटी पूछती है ममेरे ससुर के बेटे के बारे में

ज़्यादा दहेज के चक्कर में लड़का हाथ से निकल गया है
छोटी उदास है
बहनें भाग्य नहीं बाँध पातीं
तो कलाई की चूड़ियों में मन्नत वाली डोरी बाँध देती हैं

एक किसी रोज़ बिछड़ती हुई ये यही कहती है
हमारा दाना पानी अलग लिखा विधाता ने मेरी बहन

उन बिदेसी चिड़िया की तरह हम बच्चा पैदा करने यहीं आएँगे
यहीं मिलेंगे यहीं बिछड़ेंगे

खोज ख़बर लेती रहना
घर में फ़ोन है न
बात करना
किसी बड़े घर किसी बड़े शहर फ़ोन नम्बर मिलाती छोटी कुछ नहीं बोलती है

आसपास लोगों की आवाज़ है
ज़िन्दगी में फ़ोन पहली दफ़े मिला है न
अब रोज़ की ख़बर इधर उधर होगी
वही लोग कान भरेंगे
भड़काएँगे
यही होगा अब

हम तो मन से भरे थे
फ़ोन पर जड़ हुए खड़े थे
चिट्ठियों के इन्तज़ार से बेज़ार
एक लाइन पढ़ लेने को बेक़रार

जल्दी आओ तुम्हारी अम्मा याद कर रही हैं

इस एक ब्रम्ह वाक्य पर हम पंख कटे ही उड़ जाते हैं
हम तिनके से घर बनाते हैं

पर एक तिनका आँख में पड़ जाए तो हम कितना तिलमिलाते हैं

बहनें मिलती हैं तो अमावस में भी अँजोरिया रात होती है
बहनें मिलती हैं तभी आसपास के चिड़िया चुनमुन की बात होती है...

बहनें-10

अम्मा सुख-दुख के साथ जोड़ी वाली बहनों की बात करती
नैहर पूछे न पूछे बहनें हाल लेती देती रहेंगी
बहनें बाक़ायदा निष्कासित की गई और उनकी जगह घर में ज़रा खुली
जगह उभरी
घर में भी यही बातें रहीं के दोनों चली ही जाएँगी
कमरा बक्सा अलमारी सब ख़ाली कर के
भाइयों ने जाने तक सब्र रखा
फिर हर अलमारी बैठक चौकी बिस्तर को समेट नया सेटअप बना लिया

जोड़ी में बड़ी हुई बहनें उदासी बाँट लेती हैं
इनकी बैग में हमेशा एक्स्ट्रा रूमाल रहता है
दो चार बीमारी की दवाई की सलाह ये लेती देती रहती हैं
यही आपस में समझती समझाती है
के कोई ध्यान दे न दे विटामिन कैल्शियम ज़रूर लेती रहना

अम्मा के बक्से में धरी साड़ियाँ इन्हें मुँहज़बानी याद है
इन्हें सब याद है
इनके पास गोया याद ही बची है
बस ये किसी को कम याद आती हैं

ये मिलती है तो देर शाम वाली चाय लिये छत के कोने में गुँथी मिलती है
वहीं घर से हमेशा को विदा हुए बड़े पापा कोई बेहद फ़ेवरेट चाची की
प्रार्थना सभा होती है

वही रखती है मौन
वहीं एक-दूसरे को दिलासा देती कहती हैं
अब खोने का समय आ गया है मेरी बहन
मन को कड़ा रखो

अम्मा के बाद के क़िस्से इन्हें ही याद है
यही कह उठती है
अरे तुम्हें याद नहीं अम्मा कहती थी न...

कहने और रहने वाली अम्मा की रिक्त जगह पर ये बैठी हैं एकदम अम्मा
की तरह

भाई की बात सुन रही
छोटी बड़ी उनकी समस्या को राय बात से सुलझा रही

अपने सुख दुख की गठरी ये बँधा ही रखने लगी हैं
ये साधने लगी हैं उदासी
ये नियत भाग्य और ईश्वर के हाथ में छोड़ रखी हैं अपनी ज़िन्दगी

इनकी ज़ुबान पर धनिया खटाई की चटनी की तरह उतरती है छूटे आँगन
की याद

ये छलकती हैं
मुस्कराती हैं
नाक मुँह पोंछती हैं
और हँस के कह देती हैं

हरी मिर्च बहुत खाते हो तुम लोग
हमसे अब तीखा खट्टा बर्दाश्त नहीं होता...

बुआ-1

एक थी बुआ

यही कोई चौदह-पन्द्रह साल की उमर होती थी
उन भतीजों की जो बुआ की विदाई कराने जाते
इन्हें कोई जान-पहचान वाला बैलगाड़ी से बुआ के गाँव तक छोड़ आता
ये भतीजे नया पैंट-शर्ट पहने होते
और तेल लगा कर बाल झाड़े होते
इनकी ज़ेब में रूमाल रखा होता
ये असमंजस में रहते
कि ये बड़े हैं कि छोटे

गाँव के सिवान से कोई इन्हें बुआ के घर तक पहुँचा देता
ये दुवार पर मुँह लटकाकर बैठते
बड़े लोग ताना देते
अरे भैया नहीं आ सकते थे लिवाने बहन को
तब ये दबी आवाज़ में डरते-डरते बोलते, कटिया बोवाई का समय है
तो टाइम नहीं लगा
गुड़ पानी पिलाकर ये बुआ के भीतर के कमरे में भेजे जाते
बुआ भर अँकवार रोती
इनकी ज़ेब का रूमाल तब काम आता
कि ये बच्चे भी साथ रोने लगते

बुआ झोरा में दो-चार साड़ी रखती
नई साड़ी पहनती
आलता लगाती
ख़ुशी छुपाती
एकदम से तैयार
तब घर की औरतें ताना देतीं
काम में तो इतनी जल्दी हाथ नहीं चलता
जाने के नाम पे फुर्ती भर गई
लग रहा भाई खेत नाम कर देगा
बुआ कुछ नहीं सुनती
झोला ले भतीजा बैलगाड़ी पर बैठ जाता
बुआ लम्बा घूँघट निकाल लेती

ये चार कोस पर ब्याही बुआ थी
गाँव के नज़दीक उतरती तो हवा-सी लहरा जाती
आँचल को कम्मर में खोंस तितली बन जाती
सब घर रुक-रुक के हाल लेती
किराने की दुकान से पाव-भर मिसरी ख़रीदती

बच्चों की टोली से घिरी बुआ घर आ रही
फ़सल हरी बादल गहरे मन्दिर में आरती हो रही हो जैसे
बुआ भतीजे की लम्बी उम्र मना रही सत्ती चौरा पर

यही तो हैं, यही तो रहेंगे
भाई भौजाई की निशानी
यही याद करेंगे बुआ को
बरसों बिसरी बुआ को लेने आएँगे

याद के नक़्शे में बैलगाड़ी में बैठी बुआ घर बुलाई जा रही है
भाई भौजाई याद किये हैं
बुआ गद्गद दुआएँ दे रही है

तुम लोग हो तो हम उस दूसरे घर में मज़बूत औरतें हैं
मायके का बड़ा सम्बल है
चार दिन ही सही
ये चार लोक की ख़ुशी गाँठ में बाँध फिर वापस चली जाएँगी

तुम बार-बार बुलाना इन्हें...

बुआ-2

वो तीन बच्चे ख़राब होने के बाद मायके आई
ये कहकर भेजा गया कि कैसी चुड़ैल है अपना ही बच्चा खा ले रही

बैलगाड़ी से एक गठरी के साथ दूसरी गठरी की तरह उतरी वो
इन बुआओं को छोह-मोह दिखाने में भतीजे-भतीजी हमेशा आगे रहे
बाक़ी घर पर तो जैसे कलंक की छाप लिये उतरी बुआ
घर-भर को बुख़ार चढ़ गया
ख़ुद के पिता ने न ही बाँहें खोलीं ना अम्मा ने बहुओं के डर से लाड़ जताया
बड़े बहुत बड़े घर की बेटी गठरी की तरह किसी कोने में रहने लगी
मन और देह की पड़ताल तो दूर की बात
अगले ही दिन घर पर दस किलो आलू उबाल बुआ को छत पर भेज दिया गया
पापड़ बनाने
कि मन लगा रहेगा
मन लगाने को लेकर घर के हर सदस्य ने तत्परता दिखाई
साल-भर का मसाला कुटवा कर रखने
गुदड़ी की उधड़ी सिलाई सही करने
घर के बाल-बच्चों को मालिश कर नहलाने से लेकर
घर में रखे सभी कपड़े से ब्लाउज़ बनाने तक बुआ का मन लगता रहा
बुआ साग खोट लाती
चटनी पीस देती
मुँह अँधेरे बग़ीचे से आम बीन लाती

आख़िर तीन बच्चों को जन्म देने और ख़तम हो जाने के बीच उसका शरीर
कैसी चक्की में पिसा
किसी के मन तक उसकी एक आवाज़ न पहुँची
उसकी फटती जाँघों पर चुरुआ-भर तेल मालिश न की किसी ने
उसके पेट-पीठ एक हुई देह पर किसी को दया नहीं आई

देर शाम दूर खेत के बीच
लाल सत्ती चौरा पर कौन था जो घंटों बैठकर नाख़ून से पथरीली ज़मीन
कुरेदता रहा
वह बुआ थी हमारी
हमें पेट से सटाकर सुलाती
उसकी कहानी में हमेशा राजकुमारी किसी कुएँ पर बैठ रोती रहती
अपने खेत के मीठे भात को तड़पती

इन बेटियों के लिए किसी घर का ओसारा नहीं खुला
किसी की आँख पीली होती देह पर नहीं ठहरी
धँसी आँखों के इर्द-गिर्द सिमटी इनकी रातों से कोई बेचैन नहीं हुआ
सब अन्धे-बहरे बने रहे

महीने-भर किसी तरह मन लगाकर फिर एक दिन
बाबा की बैलगाड़ी में बैल कसे गए
दो गठरियाँ रखी गईं
फिर पगडंडी पर उड़ती मिट्टी सत्ती मैया के चौरे तक उड़ी
बैल की आँख से महीन नदी बही
बुआ चौथे बच्चे के लिए देह से तैयार कर ससुराल पहुँचा दी गई...

बुआ-3

वो हमारी बुआ लोग थीं
गाँव की भूली-बिसरी बेटियाँ
जो ब्याही तो नहीं गईं इतनी दूर
पर उन्हें दूर कर दिया गया
वो कभी लौट नहीं आईं उस जगह
जहाँ वो भागी थीं तितलियों के पीछे
जहाँ सहेलियों जैसे बहते पानी संग धँस-धँस गई थीं

बरसों बाद लौटती बुआ
चेहरे पर कोई दूजा ही चेहरा लिये
पर हुलास से इतनी भरी कि
बैलगाड़ी से उचककर उतर आती बग़ीचे में
लिपटती मीठे-खट्टे आम के पेड़ से
जामुन से स्याह हुए समय पर अपने हाथ फेरती
पैरों में ताक़त दुगनी लौट आती इनके
खेत मेंड़ दुवार से गुज़रती ये घर आती
बिसरी बुआ को हाथ पकड़ खींच लेतीं भतीजियाँ
यहाँ बक्सा रखो बुआ
ये बड़ा कमरा ये दुवार की बढ़ी चमक
बाथरूम की आमद घर में
किसी भूले आले पर आज भी स्याह है मिट्टी की भीत

इनके आने से लौट आती है पकड़ी के पेड़ की मैना
सहेलियों की अम्माएँ इनसे गले भेंटतीं
ये सुबकतीं सखी का हाल पूछतीं
झट नैहर के चूल्हे में घुस जातीं
बाबू के स्वाद का हलुआ
भाई की पसन्द की कढ़ी बनाने
ये कूट देतीं दाल
पछोर देतीं चावल
ये पटीदारी की नई आई दुलहिन देख आतीं

ये खेतों के हरेपन पर आसमानी दुपट्टा फैला भागतीं
ये सत्ती चौरा से भर लेतीं माँग
लहलहाती फ़सलों को देख चिड़िया-सी चहकतीं

ये अपरिचित को अपनी पहचान देतीं
अरे काका हम हैं जुगनियाँ
बड़े दिन बाद आए हैं न
ये खोट लेतीं किसी भी खेत से साग
उखाड़ लेतीं मूली
टूँग लेतीं धनिया
गाँव के सारे हरे पर इनका हक़
दुपहरिया तमाम घरों में बतकुच्चन करतीं
लगा देती तेल बड़का घर की बुढ़िया ताई को

शादियों के मौसम में आई बुआ
सबसे पहले पहुँच जाती गाने-बजाने
ढोल की कड़ी कसती शुरू हो जाती
महीनों रहती नैहर
पीपल झूलती

मिट्टी से भीगती
ये लौटतीं तो आँगन विलापता
पाँच किलो चावल का झोला
खपरे का कोंहड़ा
तमाम घर से आये सगुन
लौकी, दाल, बड़ी की गठरी लिये ये लौटतीं
बैलगाड़ी पर सवार हो जातीं
जाते समय किसी से न बतियातीं
नई सूती साड़ी के माड़ से घूँघट घसक जाता
ये ख़ूब रोतीं
बहुत ज़्यादा
खेत देर तक साथ चलते
कुछ दूर में ये बहुत-बहुत दूर हो जातीं

अब ये कब बुलाई जाएँगी पता नहीं
भतीजियाँ उदास होतीं
कितनी तरह से चोटी बनाना जानती हैं बुआ
कितनी कहानियाँ
सब परब का गीत भी

गाँव की एक बुआ लगातार पाँच बच्चे ख़राब होने पर भेजी गई नैहर
नीम हक़ीम करती वो नैहर के खेत का बैल हो गई
कुछ बेटियों को लकवे की बीमारी में नैहर छोड़ गए लोग
ऐसी परित्यक्ता बुआओं से लोगों ने दिन-रात घर के काम करवाए

इनके हाथों में अब धनिये की महक की जगह आग की दहक ने ले ली...

बुआ-4

वो हमारी दादी बुआ लोग थीं
हम तो बस इतना जानते कि बहुत साल पहले उनके पति नहीं रहे
वो कितने साल से अकेली हैं, हम बच्चों को याद भी नहीं
बातों से लगता वो कई-कई साल गुज़र जाने पर लौटी हैं

हम बच्चे तो बस भाग कर बग़ीचे तक जाते और उनकी बैलगाड़ी पर चढ़ जाते
वो दादी फुआ अन्दाज़े से हम लोगों को पहचानतीं और गाल हाथ में भर लेतीं
टीन की पेटी उनके साथ आती
एक झोला उनकी गोद में जिसमें शायद कुछ रुपया पैसा हो

दो-तीन बोरोन में गाँव-घर में उगी कोई सब्ज़ी ओल पपीता बेल और बेर होते
फुआ दादी लोग घर उतरते ही बैलगाड़ी वाले भाई को गुड़ पानी देने को बोलतीं
आख़िर नैहर में आया ससुराल का गाड़ीवान भी तो देखे कैसे बड़े घर की बेटी हैं वो

इनके आते हमारे बाबा हमारे चाचा भुनभुनाने लगते
'आ गई है, अब महीना-दू महीना कथा-कहानी सुनाती रहेगी'
या कि आदत से लाचार है तुरन्त घुस जाएगी बुआ रसोई में और छनर-बनर बनाने लगेगी

आधा किलो बेसन घोल के बैठ जाएगी
कि अपने हाथ का चिल्ला खिला दे बाबू को

मेरे ही बाबा की बहन!
मेरे ही पिता की बुआ!
कितना लम्बा वनवास काट-काट कर आती थीं तुम
हमें तो तेल भी मलती तो हथेली चुभती हमें
पर तुम्हारी कहानियों से घर की कौन-सी कलई खुल जाती
कि लोग तुमसे ठीक से बतियाने में भी टालमटोल करते

चार बेल ख़राब निकल जाने पर काहे हँसते तुम्हारे भतीजे
कि बुआ 'काहे कुल खरबका उठवले आइल बाड़े'
किसी एक पके पीले मीठे बेल का शरबत पीते क्या कभी आत्मा नहीं धिक्कारती
खोखले बेल-सा ही जीवन है तुम्हारा
जगह-जगह से सूखा सड़ा ख़राब स्वाद

फीके बेल में भी शक्कर मिलाई जाती थी न बाबा
तो उनकी फीकी ज़िन्दगी में ज़रा-सा प्यार क्यों नहीं मिला दिया

क्यों उनकी रो-धो से कतराते रहे
क्यों न पास बैठ सुनी उनकी पूरी बात
'अरे ज़माना-भर के पुरान चिरान बात का सुरू कर देले' बोल कर क्यों
लुलुआ दिया गया

उस महीने-दो महीने के उनके प्रवास में हम सुनते रहे लोरी
चम्पा-चमेली की कहानी
हमें लगाती रहीं वे तेल
हमीं लोग का माथा चूम कहती रहीं
'ख़ूब सुन्दर घरे वियाह होखो तोर
ख़ूब बड़का घर के रानी बनी हमार बबुनी'

सौ हज़ार बिगहा खेत चार बड़का मकान से तो आप भी ब्याही गई थी
न दादी बुआ
जीवन ठीक बोरा भर बेल जितना ही है
ऊपर से सुन्नर सुघर अन्दर से खोखला

कभी-कभी चरमर करती गुज़र जाती है कोई बैलगाड़ी
दादी फुआ मत जाइए उस देश
जहाँ आपकी बात को क़िस्सा-कहानी कहकर उड़ा दिया गया
मत रखिए याद
न घोरिये बेसन
भाइयों का स्वाद बदल गया है अब
गाड़ीवान को कहिए गाड़ी घुमा ले किसी और राह
किसी और ठौर
गुड़ पानी का संस्कार भूलने लगे हैं लोग
लोग भूल गए, अस्सी साल की उमर में बैलगाड़ी पर बैठी बूढ़ी माई
कैसे सोलह की ऊर्जा लिये बनाती रही हैं पकौड़ी कढ़ी

किसी भी उम्र में लौटी लड़कियाँ आफत-बिपत की तरह ही क्यों लगीं
क्यों लगीं भार हों जैसे
दादी बुआ, वापस चली जाइए
हमें आजकल बड़े ख़राब सपने आने लगे हैं...

बुआ-5

मायापुरी और सत्यकथा के लिए गाँव एक हमउम्र बुआ बड़ा मचलती थी
वो जानना चाहती कि फ़िल्मों में कौन सी हेयर स्टाइल चल रही है आजकल
या कौन से कट का ब्लाउज़

तब ब्लाउज़ फुलौवा बाँह का बनता
और जूड़ा एकदम ऊपर कस के बारह पिनों से बँधा
फ़िल्म के नखरे-सपने-साज-सज्जा किसी की बपौती नहीं थी
'न जाओ सैयाँ छुड़ा के बहियाँ' पर मीना कुमारी की घुँघराली लट-सा
नशा होता बुआ का

घर के लोग तो क्या ही जानते इसका मर्म
दसवीं के बाद बस धान गेहूँ इकट्ठा हो और बुआ को घाट लगा दिया जाए
यही चाहते थे घर वाले

गाँव के वो लड़के जो क़स्बा-ज़िला तक आते-जाते
मायापुरी लेकर आते
बुआ के कच्चे कमरे की उस ढह रही खिड़की से सपने और मुस्कराहटें
आर-पार होतीं
बुआ डेहरी के पीछे बग़ीचा में लालटेन की मद्धिम रोशनी में मायापुरी पढ़ती

कैसी चकमक दुनिया
आने वाली फिलिम का नाम
राजेश खन्ना के ब्याह का रंगीन फ़ोटो
उफ़ वाली दुनिया में कसमसाती-सी टहल आती बुआ
हमारे बालों में नये-नये स्टाइल बनाती
आँखों में वो धार वाला मोटा काजल
और हमें चूम लेती

मायापुरी का घर में होना
कहानियों का पढ़ा जाना
गुनाह की पहली श्रेणी में आता था
जवान होती लड़की के सपने जवान नहीं होने चाहिए
पके फलों की डाल-सी झुकी होनी चाहिए नज़र
मायापुरी के बुख़ार को मारधाड़-गाली-गलौच-कुतिया-कमीनी हरामज़ादी
की झाड़-फूँक से ख़त्म किया गया
औऱ छुपा कर रखी गई पत्रिकाओं को आग में झोंक दिया गया

उसी आग में बुआ खाना बनाती रही हैं ज़िन्दगी-भर
उसी के उठे धुएँ से आँख पनियल हुई
बारह नुकीले पिनों का सर उठाए वह जूड़ा हँसता रहा बुआ पर
सारे पिन कलेजे में चुभे
बैलगाड़ी में टीन बक्से के साथ बैठी बुआ बक्से से कम चमक के साथ
चली गई

हमारे आँखों में कटीले काजल की धार कब की टूट गई है
नदियों को दुखी मत करना वो पलटकर तबाह कर देती हैं
हमारे गाँव में धान की खड़ी फ़सल तबाह होती तो पेड़ की चिड़िया कहती
बेटियों को कहानी पढ़ने से मत रोको जालिमो
वो कहानियाँ बन जाएँगी...